やってはいけない老後対策

大村大次郎
Omura Ojiro

小学館新書

やってはいけない老後対策

目次

第1章

公的年金だけでは、まともな老後は送れない

「定年時に3000万円の貯蓄が必要」の根拠

最近、ビジネス誌などで「老後の生活には1億円必要」だとか、「3000万円あれば大丈夫」、はては「貯金など1000万円もあれば十分」と、あらゆるロジックを使った数字が混在して説明されて、どれが正しいのかわからない人も多いのではないでしょうか。

まずは、老後生活を始めるまでに必要な貯蓄額がいくらかを考えてみます。

金融広報中央委員会（事務局・日本銀行情報サービス局）が実施している「家計の金融行動に関する世論調査」（2016年）で老後の生活費や貯蓄に関しての平均額が公表されています。

それによると、夫婦二人で老後の1か月当たりに必要な最低予想生活費は27万円という結果が出ています。世帯別では、セカンドライフを過ごす60歳以上の人の最低生活費の平均回答額は30万円、70歳以上は28万円という結果でした。また、生命保険文化センターの「生活保障に関する調査」（2016年度）では、ゆとりある老後生活費は平均で34・9万円かかるとのことです。

一方で、厚生労働省が毎年発表している、モデル世帯における夫婦二人の年金額は、1か月当たり22万1227円（2018年度価額）となっています（額面は2017年度と変わりませんが、物価が上がっているため、年金の価値は目減りします）。もちろん、このモデル世帯というのは、男性が20歳から60歳まで働き、女性は同期間を専業主婦として過ごしたという仮定なので、現実には即していません。女性も高学歴化が進み、共稼ぎが当たり前となっていますから、若い現役世代は、このモデル世帯よりは多くなるはずです。

現在60歳の平均余命は、男性が約23年、女性が約28年ですが、20年後には医学の進歩などにより95歳くらいまで長生きできると予測する学者も多数います。本書では「長寿化リスク」といわれているだけに「95歳寿命説」を原則とします。便宜上、モデル世帯の値を採用しますが、企業年金や不動産収入、株式配当などの不労所得、つまり別の収入源がなく、公的年金だけで生活しようとしたら、最低生活費だけでも5万円足りません。ゆとりある生活を送りたいならば、毎月13万円が足りない計算になります。

公的年金の出る65歳までは働き、公的年金の受給が始まったら、足りない分は退職金を取り崩せばいい、とお考えの方もいるかもしれません。最低生活費に足りない5万円を仮に95歳まで取り崩したとしましょう。1800万円が必要です。日本経済団体連合会（以下・経団連）の調査によると、大卒の事務職の退職金平均は約2300万円となっています。するとを500万円しか余らない計算となります。自宅をお持ちの方なら補修費もかかりますし、年齢と共に医療費や介護費などもかかるとなると、とても500万円では足りません。しかも、経団連加盟企業というのは、日本の中でも一流企業ばかりです。約7割の日本人は中小企業で働いているのですから、経団連が発表している数字から差し引く必要があります。

一方で、激務で40年近く働いてきたのだから、たまには夫婦で旅行に出かけたり、外食したり、孫に小遣いをあげるなど、ゆとりある生活を送りたいと思っている方も多いかと思います。その場合のシミュレーションもしておきましょう。前述した通り、13万円が足りないのですから、30年間（360か月）で4680万円！という数字になってしまいました。退職金の一部を充てたとしても、おおよそ3000万～4000万円くらいは現役時代に貯める必要があるということです。おそらく、「定年時に3000万円の貯蓄が必要」と語っている方々の根拠はこんなところにあると思います。繰り返しますが、この金額は公的年金のみで、ほかに収入がなく、かつゆとりある生活を送りたい人の場合ですので誤解しないようにしてください。また、なぜこれくらいの手元資金が必要かというと、後述しますが、厚生年金の平均受給額が驚くほど安いことも関係しています。

ただ、人間の場合、寿命に対して健康寿命という概念があります。これは誰の手も借りずに自分の力だけで生活できる年齢のことです。現在の日本人男性の健康寿命は約71歳、女性は約76歳です。この年齢を過ぎると多くの人が活動的に行動できなくなります。その分、生活費はかからなくなりますから、実際には3000万～4000万円もかからないことを覚えておいてほしいと思います（その分、医療費、介護費が多額になる可能性はありますが）。

ちなみに前出の金融広報中央委員会のアンケートでは、年金支給時に最低限準備しておく貯蓄残高の平均は2016万円という回答でした。

年金を目減りさせる「マクロ経済スライド」方式

しかし、実際に年金支給時に2000万円以上の預貯金がある人はごくごく一部に過ぎません。50代以上で貯蓄0円世帯が30％前後もいるのです。そして、現実はもっと厳しいということを知っておいてもらいたいと思います。なぜならば、年金額は年々減らされることがすでに決まっているからです。

現在、日本政府と日本銀行は経済政策の一環として、2%の物価上昇を果たすべく、前例のない規模での金融緩和政策を行うなど、なりふり構わぬ政策を採り続けています。国の目標通りに2%ずつ物価が上がっていったらどうなるでしょうか。

物価が30年間2%ずつ上がったとしたら、複利で計算すると約81%の物価上昇という結果になります。たとえば、現在月20万円でつましく生活している人がいるとしましょう。毎年2%ずつ物価上昇したとすると30年後には36万円が必要になってしまうのです。現在20万円で買っているモノやサービスが30年後には81%も上がってしまえば、破綻するのは当たり前です。

会社員や公務員などの場合は、物価上昇の流れに沿って給料も上がり、世帯収入も上がるかもしれません。

しかし、年金生活者の場合は、そうはいきません。もっとも打撃を受けるのは年金生活者なのです。かつて、年金は「物価スライド制」を採用していました。これは、物価が2

%上がったら年金受給額も2%上がる仕組みでした。

ところが、2004年の年金法改正（いわゆる100年安心年金プラン）の際に、「マクロ経済スライド」なるものが採用されました。これは公的年金の支給額を決める際に、物価や賃金だけでなく、年金を支える現役世代の減少や受給者の長寿化などを反映させる仕組みのことです。

この仕組みは年金受給者にとっては、痛みを伴うものでしかありません。

デフレが続き、なおかつ政治家が多くの有権者である高齢者に配慮して、発動されませんでしたが、2015年4月に発動されてしまいました。このマクロ経済スライドというものは、物価が上がっても、年金受給上昇率は物価上昇率から0・9%（少なくとも2025年まで）を差し引くので、その分生活が苦しくなるというものなのです。

現行の規定では、デフレーション下にある限りマクロ経済スライドは実施できないこととなっていることから2016年以降は、マクロ経済スライドは再び発動されなくなっています。

しかし、その後、政府のもくろみ通り、2%の物価上昇が達成されたとしましょう。

その場合、年金生活者の受給額は2%−0・9%=1・1%の上昇に押さえられてしまうのです。30年で物価は81%上昇するのに対し、マクロ経済スライドにより、年金は約39%しか上がりません。簡単にいえば、現在100万円で買えるものが30年後には約181万円になる一方、現在100万円の年金は約139万円にしかならないということです。

少子高齢化は一向に収まる気配は見せず、生産年齢人口(15〜64歳)も減る一方です。その逆に、年金受給者は年を追うごとに増加し、2040年、つまり22年後は65歳以上の人口が3900万人となり、一方の生産年齢人口は6000万人程度にまで減ってしまう見込みです。この数字から見てもわかるように、まもなく日本では二人の労働者が一人の年金受給者を支えるという状況に陥っているのです。

もちろん、生産年齢人口が減り続けていくなか、30年もの間、2%の物価上昇を続けるというのは現実的ではありません。

もっとも、将来的な物価上昇の目処が立たない現状では、年金支給額の抑制は難しいはずですが、政府は年金受給者たちをさらに追い込む法律を2016年に成立させてしまいました。それはデフレ下でも年金額を下げられるようにするというとんでもないものです。

簡単にいえば、現役世代の実質賃金が下がっている場合は、年金額を下げられるという改正国民年金法です。これは2021年4月から実施されることが決まっています。ちなみに実質賃金は1997年をピークに下がり続けています。

詳細は後述しますが、現在でも65歳以上の高齢者の貧困化はひどくなるばかりで、生活保護受給世帯はすでに過半数を超えています。これがもっとひどくなっていくことが確実視されているのです。

人口増加の高度成長期には、現在の年金制度は年金受給者にとってベストでした。しかし、今後の年代別人口構成と老齢化を見れば、保険料を引き上げ、受給額を減額する方向で年金改革を行ったとしても、将来的に（いつかはわかりませんが）年金制度が行き詰まる可能性が高いといわざるを得ません。年金制度そのものがなくなることはないでしょうが、現行制度がそのまま続くということは、ほとんどないと考えていいでしょう。

これから年金受給対象となるシニアだけでなく、年金を納めている若者も、老後を真剣に考える時期が来ているのです。

まずはダウンサイジングを心がけよう

前項で「マクロ経済スライド」や「改正国民年金法」の問題点を指摘しましたが、それに対抗するには、後述しますが、もらえる年金額をフルに近づけておくことと、生活費を現役時代の70％程度に抑えることに慣れておくことが必要といえそうです。

そのためにすべきことは、生活のダウンサイジングです。1日も早く、早ければ40代、遅くとも50代に入ってからは「生活の無駄」をなくしておきましょう。たった、それだけでもびっくりするような効果が上がります。

筆者の知人にFさんという方がいます。

彼は50歳になったのをきっかけに、思い切りダウンサイジングな生活を始めました。もちろん、老後に不安を感じていたのが理由でした。まず、やったことはクルマを手放すことでした。もう子どもが大きくなって、家族で使う必要もなくなったこと、趣味のゴルフも回数が少なくなり、乗っても月に2度程度で、しかも自宅マンションの立地が公共交通機関に恵まれていたことも大きかったそうです。そして、後押ししたのが自宅マンションの近くの大型駐車場にカーシェアリングのクルマが大量にあることでした。

バカ高い駐車場代に自動車保険、税金に2年に1度の車検代、ガソリン代、高速代、オイルやタイヤなどのメンテナンス料等を計算すると、1年間に約80万円のランニングコストがかかっていました。そこで、クルマを手放し、カーシェアに切り替えたところ、月会費が1000円ちょっと。あとは乗った分だけですから、月に3000円以下になったそうです。

さらに子どもが大きくなっていたので、数千万円かけていた生命保険や、仕事が忙しくて観ることのほとんどなかったケーブルテレビなども解約。着ない服や小物類はネットオークションで全部売ってしまい、本やCD、DVDなどもよほど思い入れのあるもの以外はすべて売ってしまいました。

結果、どうなったかというと、5年間で500万円も浮いたそうです。

30代から老後を見据えて行動に移している人もいます。

Gさんは夫婦共働きで二十数年前にマンションを購入しました。3500万円を借り入れ、30年元利均等払いで利息は3・6%でした。返済予定表を見て仰天しました。毎月払うローンは約16万円だったのですが、最初の数年間は16万円のうち、10万円以上が利息で、元金は5万円ほどに過ぎませんでした。バカバカしいと思った彼は、奥さんと話し合った結果、「繰り上げ返済」をすることに決めました。繰り上げ返済は、早ければ早いほど効果があります。ローンと光熱費は彼が払い、残ったお金は、小遣いを除いてすべて繰り上げ返済用に貯金に回し、食費など残りの生活費は奥さんの給料で賄うことにしました。デフレに突入した際には、しばらく金利が上がることはないと判断し、最も金利の低い変動金利に借り換えて、一気に利息も減らしました。ボーナスも半分は繰り上げ返済用に残し、ちょっとお金がまとまるとせっせと繰り上げ返済に回しました。

子どもがいなかったこともあり、極端な節約生活をすることもなく、10年ほどでマンションのローンは完済してしまいました。さらに、ローン完済後も返却用の口座をそのままにして「ローンを払っているつもり貯金」もスタートさせました。同時に給料天引きで年金財形貯蓄も始めました。現在50代半ばにして、すでに払い込み済の終身保険も合わせ、金融資産だけで3000万円を超えたそうです。この生活スタイルを維持して、定年の60歳の時点で退職一時金を含め、5000万円強の貯蓄を目標にしているそうです。

この二人の場合は、少々特殊なケースかもしれません。しかし、デフレの状況下においては現金の価値がもっとも高くなるわけですから、借金（ローン）をいの一番に返し終えて、潤沢な余裕資金を手にしたことは正解でした。

平均的な厚生年金受給額は生活保護費と変わらないレベル

とはいえ、老後の生活でまず一番の柱にすべきなのは、公的年金であることに間違いはありません。というのも、預貯金の場合は使ってしまえばなくなってしまいますし、現在の低金利では預貯金で資産は増えません。あくまで公的年金を補完する程度のものと考えた方が良いです。

公的年金の最大の長所は、「死ぬまで定期的に一定のお金がもらえる」ということです。どんなに長生きしたとしても、「あなたは長生きしすぎたから打ち切り」というようなことはありません。

現在の公的年金は、年代や人によっては掛け金よりももらえる額の方が少なくなる場合もあります。ですが、それを差し引いても、「死ぬまで一定額がもらえる」というのは、大きなメリットであり、老後の生活においては最大の安心を与えてくれるものだといえるのです。

ですから、なるべく年金は増やしておいた方がいいのです。

「自分は長年、会社勤めをして厚生年金に入っているから大丈夫」

と思っている方も多いかもしれません。

しかし、現在、強制加入になっている公的年金だけでは、非常に心許ないものです。この章の冒頭で夫婦二人のモデルケースで22万1277円ということを述べました。

ところが、厚生労働省の「平成27年度厚生年金保険、国民年金事業の概況」という調査によると、実際にもらっている厚生年金生活者の平均年金月額はなんと、一人当たりたったの14万7872円に過ぎません。事実、年収500万円のサラリーマンがもらえる額は月に15万円程度。そこから税金や国民健康保険料や介護保険料などを引くと手取りで12万〜13万円くらいです。ちなみに生活保護費は40代で一人暮らしの場合、8万円＋アパート代が目安です。つまり、厚生年金の平均受給額は生活保護費と変わらないのです。生活保護の場合には無税で医療費などもかからないことを考えると、生活保護受給者の方がいいかもしれません。

もちろん、平均はあくまで平均で、男性だと16万6120円、女性が10万2131円と6万円も差がついています。そして、夫婦二人世帯となって始めて二十数万円となるわけです。

しかし、離別や死別で独りになった場合、たちまち困窮してしまう可能性が高まるのです。

自営業などの国民年金だけの人だと、満額支払っていたとしても一人当たり6万円強に過ぎません。夫婦二人でも12万円程度です。死ぬまで働くか、生活保護を受給するかしなければ生きていけません。

モデルケースでさえ、普通の生活を送るには5万円ほど足りないということは前述した通りですが、現実はさらに厳しいのです。

ましてや、住宅ローンが残っていたりすれば毎月のローン支払いが必要ですし、賃貸物件に住んでいる場合は毎月の家賃が必要です。40代半ばくらいで子どもができた場合などは、教育費もかかります。とてもじゃないですが、老後資金を貯める余裕なんてありません。

厚生労働省の調査によると、２０１７年10月時点の全国の生活保護受給世帯数は１６４万２９０７世帯と過去最高。65歳以上の高齢者世帯は86万５３３２世帯で全体の５割以上を占め、うち９割が単身者でした。高齢者の貧困は拡大し続けているのです。

ではどうすればよいか。まずはできるだけ長く働くこと。次にできるだけ早いうちから公的年金に加え、「自分年金」を作って、手取り額を増やす以外に方法はありません。

確定拠出年金をフル活用する

昨今では、自力で年金の額を増やす方法が多々あります。

特に確定拠出年金は、老後の生活の強力なアイテムといえます。

確定拠出年金を使えば、年金の受給額を一挙に増やすこともできます。

確定拠出年金とは、個人的に年金に入れるという制度です。掛け金も自分で自由に決めることができます。

もともと、確定拠出年金は企業年金を持たない中小企業や自営業者のために作られた制度でした。

それが、2017年に、確定拠出年金の制度が改正され、公務員や企業年金を持っている大企業の社員でも一定の条件をクリアしていれば入ることができるようになり、サラリーマンの大半が、確定拠出年金に加入できるようになりました。もちろん、専業主婦も利用可能です。

個人型確定拠出年金はiDeCo（イデコ）という愛称で、テレビなどでよく宣伝されるので、ご存じの方も多いでしょう。

確定拠出年金というのは、個人（もしくは会社）で年金の積み立てを行い、その年金資金の運用も自分で行うというものです。

運用の成果は、その人の老後の年金受取額となります。

従来の公的年金と違う主な部分は、
（A）掛け金が個人ごとに明確に区分されている
（B）その人が掛けたお金とその運用収益のみが将来年金として給付される

ということです。

従来の公的年金は、個人ごとに明確に区分されていませんでした。また、公的年金には国の補助金が入れられていますが、その一方で、各人の掛け金などによって、受給金額がまちまちであり、不透明感がありました。

また公的年金というのは、たびたび掛け金や受給額が変わります。

我々が、年金をもらう時期になったとき、どの程度の年金がもらえるのか、なかなかはっきりしません。それらの弊害を、修正、補完するためにつくられたのが、確定拠出年金といえます。

確定拠出年金の場合、自分で年金資産を管理するわけですから、他者の都合で年金額が増減したり、受給条件が変わったりすることはありません。その代わり、自分の運用次第で、受給額が増減したりするのです。

つまりは、自己責任型公的年金といえるものです。

しかし、自己責任型といっても、運用で大きなリスクを背負わなければならない、ということではありません。運用は自分でやるといっても、基本は金融機関が用意してくれた金融商品の中から、自分で適切なものを選択すればいいだけです。もちろん、それでも、失敗すれば損をすることになります。

ただ、金融機関が提示する金融商品の中には、ほとんど元本保証された定期預金的なものが含まれています。ですから、資産運用が苦手、もしくは面倒くさいというような人は、そういう安全な金融商品を購入しておけばいいのです。

確定拠出年金の最大のメリットは節税

確定拠出年金の最大のメリットは、節税になることだといえます。

確定拠出年金は、掛け金が全額所得控除になるのです。

「掛け金が所得控除になる」というのは、確定拠出年金に掛けたお金が、税金のかかる所得から差し引けるということです。もちろん、その分、税金が安くなります。

自分で普通に老後資金を用意するときの場合と比較してみましょう。

自分で老後資金を用意する場合、当然のことながら自分の収入の中から、積み立てることなります。

しかし、この自分の収入には、所得税や住民税が課せられています。つまり、自分が自由に使える収入というのは、所得税や住民税を支払った残りです。

もし毎月1万円を積み立てるとすれば、平均的なサラリーマンで大体1000～2000円の税金がかかります。つまり、毎月1万2000円くらいを使って、1万円を積み立てているということになります。

サラリーマンの方は、税金を先に引かれますので、なかなか自覚はないと思われますが、自分が使うお金というのは、常に税金が差し引かれた後のものなのです。

自分では1万円を使ったつもりであっても、税金分を含めれば1万2000～1万3000円を払っていることになるわけです。

ところが、確定拠出年金というのは、税金がかかりません。ですから1万円積み立てた場合は、その1万円には所得税も住民税もかかってきません。つまり、1万円積み立てるときには、1万円だけを使えばいいということになるのです。

その時点で、自分で貯蓄するよりも、2～3割有利になるわけです。仮に年収400万円のサラリーマンが上限の2万3000円を払い込んだとすると、その年の所得税と住民税で合計8万4000円が戻ってきます。税制優遇は掛け金だけはありません。運用益にも税金がかからないのです。さらに受け取る場合も優遇されています。まとめて受け取ると「退職所得控除」が適用されるため、相当な金額になっても税金はかかりません。もちろん、年金として受け取る場合は、税金がかかってしまいますが、公的年金等控除が適用されるため、それほど多額の税金を取られることはありません。

つまり、節税をしながら、老後資金の蓄積ができるということなのです。

企業年金を持っている会社と持っていない会社では条件が異なる

ただし、サラリーマンの確定拠出年金はちょっと複雑です。

サラリーマンは、勤務先の状況によって確定拠出年金の条件が変わってきます。平たくいえば、「会社が企業年金(確定給付型年金)を持っているかどうか」「会社が確定拠出年金に入っているかどうか」で違ってきます。

そのため、サラリーマンの方がまずしなければならないのは、会社に「企業年金を持っ

図表1　企業年金のないサラリーマンの確定拠出年金の条件

加入条件

・60歳未満。

・勤務先に企業年金等がない（加入資格のない人も含む）。

・企業型確定拠出年金の加入対象者でない。

拠出限度額

年27万6000円（月2万3000円）
※毎月の拠出額は、5000円以上1000円単位で指定が可能。

ているか」「確定拠出年金に入っているか」を確認することです。

では、サラリーマンの会社状況に応じた確定拠出年金について、条件等を具体的に見ていきましょう。

まずは、「会社が企業年金を持っていないサラリーマン」の場合です。この会社の人は、普通に「個人型確定拠出年金」に入ることができます。

拠出限度額は、月2万3000円です。平均的なサラリーマンの方で、おおよそ4万～6万円の節税になりますので、できれば満額掛けておきたいものです。

加入する際には、自分で金融機関に申し

込んで、自分で手続きを行います。会社を経由することは一切ありません。ですが、会社に企業年金がない、ということの証明が必要なので、それは会社に依頼して取る必要があります。詳しい手続きは、金融機関の窓口でお尋ねください。

一方、企業年金のある会社のサラリーマンの場合、会社がどういう確定拠出年金に加入しているかで、条件が変わってきます。

その条件は、以下の3種類に分けられます。

①確定拠出年金には加入していない会社
②確定拠出年金に加入しているが、個人拠出はできない会社
③確定拠出年金に加入し、個人拠出もできる会社

この3つのタイプについてそれぞれご紹介していきましょう。

まず①の「確定拠出年金には加入していない会社」について。

このタイプの方は、2017年の改正により、新たに「個人型確定拠出年金」に加入で

きるようになりました。

掛け金の限度額は月1万2000円、年間14万4000円です。

次に②の「確定拠出年金に加入しているが、個人拠出はできない会社」について。

確定拠出年金には、企業型と個人型の2種類があります。

企業型確定拠出年金というのは、原則として会社がすべてお金を出す制度です。厚生年金だけでは年金額が心許ないので、企業が従業員の福利厚生の一環として、年金を追加で出してあげようというものです
そのため、企業型確定拠出年金は、原則として会社が掛け金を決めることになっています。

確定給付型の企業年金を実施している場合の最高限度額は月2万7500円、年間33万円です。企業型確定拠出年金には、個人拠出できる制度もあり、任意で掛け金を増やすこともできます。その際の上限額は月1万2000円、年間14万4000円です。

最後に③の「確定拠出年金に加入し、個人拠出できる会社」について。

事業主の掛け金の上限が月1万5500円、年間18万6000円とすることを規約で定

めていた場合は、個人型確定拠出年金に加入することができます。その際の限度額は、月1万2000円、年間14万4000円となります。

このようにサラリーマンの確定拠出年金は、いろいろ条件によって変わってくるので、わかりにくいかと思われます。

会社の総務部などに聞けば、簡単に、あなたがどのタイプで限度額はいくらかということを教えてくれます。そして、加入手続きなども教えてくれるはずです。

自営業者の公的年金の増やし方

本書を読んでくださっている方の中には、サラリーマンだけではなく、自営業の方もおられると思います。

そこで、自営業の方の公的年金の増やし方も、紹介したいと思います。

自営業の方の公的年金は、加入の義務があるのは「国民年金」だけです。

よくいわれているように国民年金は満額掛けても、受給できる額は年間80万円にも届きませんので、これだけで生活するのは到底不可能です。自力で公的年金の受給額を増やさなければなりません。

自営業者の場合、公的年金を増やすためには、大まかにいって3つの方法があります。

(1) 確定拠出年金
(2) 国民年金基金
(3) 小規模企業共済

です。

この3つは、それぞれに特徴がありますので、どれがいいということは一概にはいえません。そのため、この3つの特徴をうまく生かし、上手に組み合わせることが、自営業者には必要になるわけです。

まずは、先ほども説明した確定拠出年金についてです。最初に自営業の方の加入条件等を確認しておきましょう。

確定拠出年金で、一番、大きな枠を与えられているのは、自営業者です。自営業者は、

図表2　自営業者の確定拠出年金の加入資格

満20歳以上60歳未満

国民年金保険料を納付している
（障害基礎年金受給者を除き、全額免除・半額免除等を受けていないこと）

農業者年金基金に加入していない

拠出限度額

年81万6000円（月6万8000円）－国民年金基金等への年間拠出額

※毎月の拠出額は、5000円以上1000円単位でご指定が可能。

※国民年金の付加年金に加入されている方の
年間拠出限度額は、年80万4000円（月6万7000円）

（例）国民年金基金に年48万円（月4万円）拠出している場合
→個人型確定拠出年金への拠出限度額　年33万6000円（月2万8000円）

限度額が月6万8000円であり、最高額となっています。ただこの最高額は、次に紹介する「国民年金基金」との合計額となっています。

よって、すでに国民年金基金に入っている人は、確定拠出年金との額を調整しなければなりません。

確定拠出年金の最大の特徴は、自分で運用できるという点です。ですから、運用などに興味がある人、得意な人は、国民年金基金よりも、確定拠出年金に入った方がいいでしょう。

ただし、確定拠出年金は、手数料が高いという大きなデメリットがあります。初回にかかる口座開設手数料は、ほとんどの金融機関が2777円です。しかも、プラスアルファを取る金融機関もあります。

また毎月の掛け金から差し引かれる口座管理手数料等は、基本は167円（年2004円）で、これもプラスアルファを取る金融機関があります。おおよそ5000～6000円が平均といえます。つまり、年間で最低でも2004円以上、平均すれば5000～6000円も手数料を取られてしまうのです。

運用などがあまり得意ではない人は、確定拠出年金よりも国民年金基金に入った方がいいでしょう。

「国民年金基金」は個人年金より断然お得

次に「国民年金基金」の説明をしましょう。

国民年金基金というのは、国民年金だけでは足りないと思う人が掛けられる公的年金です。

この国民年金基金は、確定拠出年金などと同様に、掛け金を所得税、住民税の課税所得から控除できます。つまり、掛け金を全額、収入額から差し引くことができるのです。

もちろん掛け金は、資産として蓄積されます。

つまりは、「税金を回避しつつ資産の蓄積ができる」わけです。

民間の個人年金が最大で年額4万円（平成24年1月以降に契約した個人年金）までしか所得控除されないのに比べても、すごくお得なのです。仮に、課税所得金額が400万円だとしましょう。それで国民年金基金の掛け金が年額30万円の場合なら、所得税・住民税の合計で約9万円が軽減され、国民年金基金の掛け金は、実質約21万円となります。

収入が増えて、節税策が必要なとき、国民年金基金に加入すれば、自分の年金資産をつくりながら節税ができるというわけです。

また国民年金基金は、掛け金を自分で決められるので、自分の所得に合わせて払うことができます。

国民年金基金は、年金としても非常に有利なものです。

月額3万円の終身年金をもらうためには、40歳加入で、月額1万7145円を払えばいいだけです。15年支払い保証がついていれば、もし早く死んでも遺族に掛け金に応じた一時金が支払われます。

そして、国民年金基金にはもう一つ大きなメリットがあります。

それは、翌年3月分までの前納ができるということです。そして前納した場合、払った年の保険料として所得控除ができます。ですから、もし「今年は儲《もう》かって税金が多いなあ」というときには、国民年金基金の掛け金を引き上げて3月分まで前納すれば、合法的に利益を圧縮することができるのです。


ただし、国民年金基金にもデメリットはあります。

国民年金基金を節税策として用いた場合、ネックとなるのが預金ではなく、あくまで年金だ、ということです。

一旦支払ってしまえば、年金としてもらうまではお金は戻ってきません。税金の回避をするつもりで、国民年金基金に入ったとしても、それを取り戻せるのは、年金受給年齢に達してからということになります。

この点は、確定拠出年金も同様ですね。

図表3　国民年金基金の条件等

加入対象者

自営業やフリーランスの人とその配偶者で、国民年金保険料を納めている20歳以上60歳未満の方が加入することができます。

掛け金

掛け金は月額6万8000円以内で自由に選択できます（ただし、個人型確定拠出年金にも加入している場合は、その掛け金と合わせて6万8000円以内となります）。

納付方法

掛け金の納付は口座振替により行われます。4月から翌年3月までの1年分を前納すると0.1か月分の掛け金が割引されます。また割引はありませんが、翌年3月までの一定期間分の掛け金を一括して納付することができます。

掛け金の変更と解約

掛金額は変更（増口、減口）することができます。増口は年度内1回に限ります。また解約はできますが、返金はありません。すでに納付した掛け金は将来の年金に加算されます。

予定利率

現在1.5%。加入したときの予定利率が最後まで続くので、インフレになっても、この利率が変更されることはありません。

また国民年金基金は、加入したときの利率がずっと変わらないので、もし大きなインフレが起きたような場合は、資産を目減りさせてしまうことになります。

その点を除けば、非常に優れた「老後のための貯蓄商品」だといえます。

中小企業の社長や役員も活用する「小規模企業共済」

最後に「小規模企業共済」をご紹介しましょう。

「小規模企業共済」というのは本来、自営業者の退職金代わりにつくられた制度です。

この小規模企業共済も、「確定拠出年金」「国民年金基金」と同様に掛け金を所得から全額控除できます。

また小規模企業共済も、国民年金基金と同様に前納することができる上に、1年以内分の前納額は、全額を支払った年の所得控除とすることができます。

月に1000円から7万円まで掛けることができるので、年末に月々7万円の掛け金で加入し、1年分前納すれば、84万円もの所得を年末に一気に減らすことができるのです。

小規模企業共済の難点も、預金と違って自由に引き出すことができない、という点です。

図表4　小規模企業共済の条件等

加入資格

従業員が20人（商業とサービス業では5人）以下の個人事業主と会社の役員。

掛け金

1000円から7万円までの範囲内（500円単位）で自由に選べます。加入後、掛け金の増額、減額ができます（減額の場合、一定の要件が必要です）。また業績が悪くて掛け金を納めることができない場合は、「掛け止め」もできます。

共済金の受け取り

事業をやめたとき、会社の場合は役員をやめたとき、など。

小規模企業共済で掛けたお金は、その事業をやめたときに受け取ることができるようになっているからです。この辺は、国民年金基金、確定拠出年金と同じですね。

小規模企業共済の場合は、いざというときには事業を廃止すればもらえます。

事業を廃止しなくても解約できますが、その場合、給付額は若干少なくなります。

さらに、事業を法人化したときにも受け取れるので、法人化への資金として貯蓄する場合にも使えます。ですので、個人事業主で将来会社をつくりたいと思っている方は、その資金づくりとしても使えます。

また掛け金の7～9割程度を限度にした貸

付制度もあるので、運転資金が足りないときには活用できます。

共済金を受け取った場合は、税制上、公的年金と同じ扱いとなり、ここでも優遇されています。

また小規模企業共済は、個人事業主だけでなく、中小企業の経営者、役員なども加入することができます。

この場合、会社の経費とはなりませんが、経営者や役員個人の所得からは全額控除されるので、経営者や役員個人の節税になるのです。

それぞれのメリットとデメリット

では、自営業者の方の確定拠出年金、国民年金基金、小規模企業共済の比較をしてみたいと思います。

掛け金の上限は、確定拠出年金、国民年金基金が6万8000円、小規模企業共済が7万円なので、掛け金の額については、ほとんど差はないといえます。

では、それぞれのメリット、デメリット、どういう人にどれが向いているのかを検討していきましょう。

確定拠出年金のメリットは、「資産運用ができること」だといえます。これは他の二つにはないものです。他の二つは、利率が決まっているので、自分の努力次第で資産を増やすということはできません。ところが、資産運用は、元本割れの危険も伴います。他の二つは元本割れの危険はないので、逆にこの点が確定拠出年金のデメリットともいえます。


国民年金基金のメリットは、終身タイプの年金に格安で入ることができる、ということでしょう。公的年金の一番のメリットは、死ぬまで一定のお金がもらえる点です。

国民年金基金のデメリットは、インフレに対応できない、という点です。国民年金基金は、加入したときの利率が生涯続きます。現在の利率は1・5％なので、それがずっと続くのです。もし将来、インフレが起きたような場合は、せっかく掛けた年金の価値が随分目減りしてしまうことになります。

その一方で、1・5％の利率というのは、現在の金融商品としては決して悪いものではありません。マイナス金利時代ですから、定期預金などではほとんど利率はゼロに近いものがあります。確定拠出年金で元本保証の定期預金に入るよりは、国民年金基金に加入していた方が、よほど利率がいいのです。

そのため、近いうちに年金受給年齢を迎えるような人、資産運用などは非常に苦手という人は、国民年金基金に加入した方がいいかもしれません。とはいえ、これは、インフレ率と関係することなので、今の段階で明確にすることはできません。

小規模企業共済の第一のメリットは、急にまとまったお金が必要になったときなどに途中解約できるということでしょう。解約する場合は、通常の受給よりも若干、金額が減ります。また掛け金期間が20年未満の場合は元本割れしてしまいます。

しかし、確定拠出年金や国民年金基金は、途中解約ができないので、これは大きなメリットといえるでしょう。

また廃業した際には、解約しても通常の受給ができます。要するに、小規模企業共済は年金としてだけではなく、失業保険の意味合いもあるといえます。

さらに小規模企業共済には、掛け金を担保にして、融資を受けられるというメリットも

図表5　確定拠出年金、国民年金基金、小規模事業共済のメリットとデメリット

	確定拠出年金	国民年金基金	小規模事業共済
他と比べたメリット	・自分で資産運用ができる	・終身年金のコストパフォーマンスが高い	・60歳未満でもお金を引き出すことができる ・掛け金を担保に低率で融資を受けられる
他と比べたデメリット	・60歳まで引き出せない ・元本割れの危険がある ・手数料が年平均5000～6000円と異常に高い	・60歳まで引き出せない ・自分で資産運用ができない ・利率が低く、固定されている	
向いている人	自分で資産運用をしたい人	年金受給年齢が近く、終身年金が欲しい人	左の二つ以外で、資産を蓄積したい人

あります。融資にはいくつかの種類がありますが、利率は現在のところ最高でも1・5%です。融資という方法で、掛け金を一時的に引き出すことも可能です。

小規模企業共済のデメリットとしては、自分で資産運用ができない、利率が低いという点があります。現時点の予定利率は1%ですが、これは、経済情勢や資産運用次第で変更されます。国民年金基金のように、インフレにまったく対応できないものではありません。つまり、インフレにある程度対応もできて、途中で資産を引き出すことができる、貸付制度もある、となれば、小規模企業共済が一番使い勝手がいいといえそうです。特に、自分で資産運用するのは苦手、面倒くさいというような人には、確定拠出年金よりも、小規模企業共済の方が合っているかもしれません。

そして、小規模企業共済と、他の二つは上限枠がかぶりません。

確定拠出年金か、国民年金基金を満額掛けておいて、さらに小規模企業共済を満額掛けることも可能なのです。

確定拠出年金と国民年金基金は、上限枠がかぶりますので、二つ合わせて6万8000

円までしか掛けることができません。

お金に余裕のある人は、確定拠出年金、国民年金基金とは別枠として、小規模企業共済に入るというのもアリでしょう。

低利率でも個人年金に入ろう

確定拠出年金のほかにも、自分で年金を増やす方法はあります。

それは「個人年金」です。

個人年金というのは、毎月、一定額を積み立てておけば、老人になったとき（60歳以上など保険によって支給年齢は違う）に一定額をもらえるというものです。

この個人年金には、サラリーマンの方も、自営業の方も入ることができます。

そしてこれには、終身年金のタイプなどもあります。死ぬまで一定の年金がもらえるという商品です。これに入っておけば、一定年齢（65歳など）以降に年金としてお金がもらえるのです。

この終身タイプの年金は、平均寿命よりも少し長生きすれば、元が取れるような設定に

図表6　所得税の個人年金控除額の計算方法

年間の払い込み保険料	保険料控除額
2万円以下	支払い保険料金額全額
2万円 ～ 4万円以下	支払い保険料金額 × 1/2 ＋ 1万円
4万円 ～ 8万円以下	支払い保険料金額 × 1/4 ＋2万円
8万円超	一律 4万円

出典：国税庁ホームページより

なっています。ですから、長く生きれば生きるだけ得をするという保険です。また5年保証、10年保証などが付けられた商品もあり、この場合、早く死亡した場合でも、保証期間分の年金は遺族がもらえるということになっています。

個人年金は、民間の保険会社に毎月一定額の掛け金を払い、保険会社はそれに一定の利息をつけて積み立ててくれるというだけのものであり、煎じ詰めれば、金融商品の一種ということになります。もちろん、現在は超低利率のため、そんなに旨みはありませんが、自分年金を増やすという観点からみれば入っておくというのも一手といえるでしょう。

図表7　住民税の個人年金控除の計算方法

年間払込保険料	保険料控除額
～1万2000円	支払い保険料全額
1万2001円～3万2000円	支払い保険料×1/2＋6000円
3万2001円～5万6000円	支払い保険料×1/4＋1万4000円
5万6001円～	一律 2万8000円

出典：国税庁ホームページより

しかも、この個人年金には、「節税になる」という大きなメリットがあります。

個人年金に加入することにより、所得控除を受けられるようになるのです。

個人年金保険の所得税の控除額の計算方法は、次のようになります。

年間8万円以上の保険料を払い込んでいれば、4万円の個人年金保険料控除が受けられるのです。これが最高額です。これ以上掛け金を増やしても控除額は増えません。

また住民税は、年間5万6001円以上の保険料の払い込みをしていれば、2万8000円の個人年金保険料控除を受けられます。

住民税はこの金額が最高額で、これ以上掛け

図表8 「個人年金保険料税制適格特約」の条件

1. 年金受取人が契約者またはその配偶者である。

2. 年金受取人が被保険者と同一人である。

3. 保険料の払い込み期間が10年以上である
（一時払の契約には付加できません）。

4. 年金の種類が確定年金の場合、
つぎのすべてに該当している。

・年金支払い開始日における被保険者の年齢が60歳以上であること。
・年金支払い期間が10年以上であること。

出典:国税庁ホームページより著者が抜粋

金を増やしても控除額は増えません。

つまり、年間掛け金が８万円以上の個人年金に加入していれば、所得税、住民税合わせて最高で６万８０００円の所得控除を受けられるのです。

平均的サラリーマンの場合、この所得控除により、大体１万円～２万円の節税になります。

年間８万円の個人年金に加入して、１万円～２万円の節税になるというのは、けっこう大きいはずです。

普通に貯蓄するよりはよほど有利な金融商品だといえます。

公的年金をすべて掛け尽くしているという

ような人は、普通に貯蓄する前に、この「個人年金」に加入した方がいいでしょう。

個人年金の所得控除を受けるには、「個人年金保険料税制適格特約」のついた個人年金に加入しなければなりません。しかし、「個人年金保険料税制適格特約」は、そうややこしいものではなく、普通の個人年金にはおおかた付いているものです。

念のため、加入するときには、「個人年金保険料税制適格特約」が付加されているかどうかを確認しておきましょう。

密かな話題を呼んでいる「とんちん年金」

長寿化する日本人は、80歳は当たり前、前述したように20年後には95歳が平均寿命となる可能性も示唆されています。一方で、企業年金でも確定給付年金などは15年などとしているところが多く、終身年金を採用している会社はわずか23％程度にすぎません。そこでこれまでの概念を覆す年金保険が登場しました。その名も「とんちん年金」です。奇妙な名前ですが、この仕組みを考案した17世紀のイタリアの銀行家の名前にちなんだものです。

この「とんちん年金」の仕組みを一言でいえば、長く生き残った者だけが得をするサバイバルゲームのようなものです。

長生きをした場合の生活費の保障を重視しており、長生きすればするほど年金額が多くもらえるというものです。解約返戻金、死亡保険金を抑えることで年金額を確保するという仕組みです。簡単にいえば、最初に1000人が「とんちん年金」に加入したとしましょう。このうち、700人が年金を受け取る前に死ぬと、生き残った300人が1000人で積み立てた原資を山分けして、年金を受け取れるというものなのです。2016年に日本生命が「グランエイジ」という商品名で販売開始するとあっという間に4万人が殺到、現在ではほかの生命保険会社も続々と参入しています。

個人年金と違い、この「とんちん年金」は50歳から加入できます。そして70歳で支払いを終えて年金支給開始となった男性を例にとれば、月額保険料は5万7790円と高額ですが、年金額は年間60万円が死ぬまで支給されるというわけです。年金受取年数25年（95歳）だと返戻率は123％、30年（100歳）だと147・7％と、掛け金に対して実に1・5倍近い年金が支給されるというものです。

もちろん、個人年金保険料税制適格特約が付加されている場合は個人年金保険料控除、付加されていない場合は一般生命保険料控除の対象となります。それに加入する際の病歴の告知の必要もありません。

早死にしてしまった場合は、確かに損になりますが、これからの時代は「長生きのリスク」が現実味を帯びています。そのリスクを回避するためにできた商品といえそうです。

「リバースモーゲージ」でまとまった老後資金を手に入れる

これまでは「自分年金」をつくって、公的年金と合わせ、ゆとりある老後生活をすることを提唱してきました。しかし、その一方で、住宅ローンや教育費などでとても「自分年金」をつくる余裕などない、という方もいらっしゃいます。

財産は持ち家だけで金融財産などまったくないという方は、筆者の周りにも数多くいます。そんな状況の方にぴったりなのが、「リバースモーゲージ」というシステムです。

「リバースモーゲージ」は自宅（持ち家）を担保にして老後資金を借りることができる商品のことです。そこに住み続けながら、金融機関から融資を受け、死亡後に自宅を売却して、融資の一括返済をするというものです。融資金額は自宅の評価額から算出され、大体

50〜70％程度のことが多いようです。近年、高齢化が社会問題になっていますが、「住まいの有効活用」という観点から大きく注目されています。

「リバースモーゲージ」のメリットは、何といっても自宅を売却することなく融資が受けられることです。前述したように、持ち家はあっても公的年金が少なく預貯金がない人などは、この制度の活用は有効でしょう。

また、この「リバースモーゲージ」で融資を受けた場合、使途に制限がないのです。これには限定型と自由型があるのですが、自由型を選択すれば、生活費だけでなく旅行費用や老人ホームへの入居一時金などに充てることもできます。さらに繰り返しますが、融資を受けた本人が存命中は返済義務がないことも大きなメリットといえるでしょう。

デメリットとしては、対象となる持ち家が土地付き一戸建てを前提としていることです。マンションを取り扱っている銀行も複数ありますが、「関東の首都圏の一都3県（神奈川、千葉、埼玉）＋大阪」「高級マンション」などの縛りが大きいのが難点です。「リバースモーゲージ」を利用する前には必ず金融機関に相談しておくことです。

また、想定外に長生きした場合など、存命中に融資額を使い切ってしまうこともあり得ます。さらに「リバースモーゲージ」の適用金利は変動金利が多いため、将来金利が上昇すると返済額が膨らむ可能性もあります。さらに担保となる自宅の評価が定期的に見直されるため、評価額が下落して自宅売却時に返済額が足りなかったりすると、相続人（子どもなど）が債務を引き継ぐことになるケースもあるので注意が必要です。

また、推定相続人がいる場合は、全員の同意が必要となります。相続人である子どもが拒否した場合は、「リバースモーゲージ」が利用できない場合もあります。相続問題も絡んでくるところなので、日ごろから子どもとのコミュニケーションを密に取っておく必要があるといえそうです。

クレジットカードをうまく利用しよう

今やクレジットカードを持っていないサラリーマンは少数派かと思いますが、もし、持っていないならば、定年退職する前にクレジットカードをつくっておくことをお勧めします。

サラリーマン時代には、感じていないと思われますが、サラリーマンというのは、実は社会的に非常に信用があります。逆にいえば、サラリーマンが会社を辞めると、途端に社会的信用が落ちてしまいます。

その最たるものがクレジットカードです。

サラリーマン時代には難なくつくれたクレジットカードが、サラリーマンを辞めた途端、急につくりにくくなります。サラリーマン以外の人たち、自営業者や派遣社員、フリーランスの人たちというのは、なかなかクレジットカードの審査が通りません。でもサラリーマンならば、3年以上勤務していれば、たいがいどこのクレジット会社の審査も通ります。

あの著名ジャーナリストの池上彰さんもNHKを退職し、フリーランスになることを決意した際、真っ先にしたことは、在職中にクレジットカードをつくることだったと後にテレビで仰っておられました。

実は現金決済は日本がとびぬけて多く5割を超しています。一方でクレジットカードによる決済は2割にも届いていません。しかし、外国ではクレジットカードでの決済が当たり前になっていて、中国や韓国などでは5割以上がクレジット決済です。買い物のときに使うだけではなく、海外旅行などでも便利ですし、社会的な信用にもつながります。

またクレジットカードは、使い方を誤らなければ、非常に有利な決済手段です。

年配者や昔気質《かたぎ》の人の中には、クレジットカードを使うことに抵抗がある場合も多いようです。筆者の両親なども、クレジットカードの類は一切持っていませんでした。

「クレジットカードを持つと、最終的には借金だらけになる」

「買い物するときは、自分の持っているお金で買え」

と口を酸っぱくしていっておりました。

でも、クレジットカードを上手に使えれば、消費生活を非常に充実させることができます。

クレジットカードのキャッシングは、利子が消費者金融と同じくらい高いので、借金の手段としては、まったく利用価値はありません。テレビCMをばんばん流しているメガバンクの「銀行カードローン」も似たようなものです（そもそも消費者金融が銀行の傘下に入っただけですから）。クレジットカードは、キャッシング以外のことで利用した方が得策です。

また最近のクレジットカードは利用時のポイントが充実していて、これをうまく利用すれば、かなりお得な買い物もできます。カードを使っても、一括払い、二回払いまでは利子はつきません。で、ポイントだけがつきます。買い物をカードの一括払いですれば、ポイントだけがどんどん貯まっていくことになります。公共料金の支払いなどもカードで済ませたいところです。

ポイントは、最低でも購入価額の1%はつきます。キャンペーンなどをうまく利用すれば数%から10%程度もつくことがあります。ポイントをうまく利用することで、消費税分くらいは取り戻すことができるというわけです。

逆にカード払いでもっともやってはいけないのが「リボ払い」です。「リボ払い」は毎月の支払額を一定にできるクレジットカードの支払い方法です。支払額が一定になる代わりに、返済期間が長くなるのが特徴です。たとえば、支払残高が50万円でも100万円でも、毎月の支払額は1万円で同じです。しかし、残高100万円の方が残高50万円の場合より当然支払期間が長くなります。しかも、「リボ払い」の金利はものすごく高いのです。たいていのクレジットカードで、年間15%程度の金利を取られてしまいます。

15%の金利は消費者金融の上限金利の18%に近い金利です。月々の支払いが一定である代わりに、「リボ払い」ではこれほど大きな金利を支払っているわけです。「リボ払い」は、月々の支払いが変わらないので、ローンの総額がわからなくなりがちです。いつの間にか支出が増えていき、支払残高がどんどん積み上がっていき、いつまでたっても支払残高が減らないのです。クレジットカード会社からの勧誘電話もしょっちゅうかかってきますが、絶対に応じてはいけません。

大体において、クレジットカード会社にしても銀行や証券会社にしても勧めてくる金融商品は、その「会社」にとってオイシイ商品であって、利用者にとってはバカ高い手数料などを取られるだけだということを覚えておいてほしいと思います。

第2章
定年退職を迎えたら

退職金のもらい方は一時金の方が得

サラリーマンの退職金の受け取り方法は「一時金のみ」「一時金と企業年金併用」「すべて年金」など、おおよそ3つのパターンに分けられます。自分で選択できる場合もあれば、社の規則で決まっている場合もあります。

仮に年金で受け取る方法を選択すると、退職金原資が受取期間中も運用されるため、受取総額は「一時金のみ」より多くなるのが一般的です。運用率は様々ですが、マイナス金利政策の状況下では定期預金に入れるよりもはるかに得に感じるはずでしょう。

ところが、です。図表9で見るように一時金で退職金をもらった場合、ほとんどの方は所得税を払わなくて済むか、払ってもごく少額なのです。仮に大学を22歳で卒業して38年間勤め上げて退職した場合、800万円＋（38年－20年）×70万円＝2060万円までは、まったく所得税がかかりません（高卒の方の場合、800万円＋（42年－20年）×70万円＝2340万円）。

2017年6月に経団連が発表した「2016年9月度 退職金・年金に関する実態調

図表9　退職金の受け取り方によって生じる違い

一時金で全額受け取った場合

退職控除額＝800万円＋(勤続年数－20年)×70万円
※勤続年数20年までは1年あたり40万円

社会保険料＝一切かからない

年金で受け取った場合

雑所得＝年金額－公的年金控除額
・65歳未満で年金額130万円以下なら70万円
・65歳以上で年金額330万円以下なら120万円

社会保険料＝国民年金保険、介護保険料の対象

査結果」によると、学校卒業後ただちに入社し、その後標準的に昇進・昇格した者（管理・事務・技術労働者―総合職）が60歳で定年退職した場合の退職金は、大学卒２３７４・２万円、高校卒２０４７・７万円です。

この場合で考えてみると、高卒者の場合は前述したように２３４０万円以下なので所得税はかかりません。一方、平均的な大卒者の場合は２３７４万円－２０６０万円＝３１４万円に対して所得税がかかります。しかし、退職金の場合、老後の生活という事情を鑑みて、その２分の１にのみ税金がかかります。というこ

とは、314万円÷2＝157万円のみに所得税がかかります。65ページの図表10の所得税の速算表に照らし合わせると、税率は5％なので、わずか7万8500円に過ぎません。しかも、社会保険料もかかりません。

一方の年金受け取りの場合ですと、一気にまとまったお金が入るわけではなく、毎月定額のお金が入ってきますので、無駄な生活費を省こうという意志が働くはずです。そういう意味では堅実な生活が送れるはずですが、税金面では決してお得というわけではありません。

65歳未満の方は、70万円の公的年金控除が適用されます。基礎控除と併せて108万円です。108万円未満の場合には控除によりすべての金額がカバーされるため、非課税です。一方、108万円以上の場合には、課税の対象となり、給与支払いの際の源泉徴収と同様、天引きされた金額が振り込まれることになるのです。つまり、年金額が年間200万円だと仮定した場合、200万円－108万円＝92万円に税金がかかります。所得税の速算表に照らし合わせると税率は5％なので、税額は4万6000円ということになります。

図表10　所得税の速算表（平成27年以降分）

課税される所得金額	税率	控除額
195万円以下	5%	0円
195万円を超え 330万円以下	10%	9万7500円
330万円を超え 695万円以下	20%	42万7500円
695万円を超え 900万円以下	23%	63万6000円
900万円を超え 1800万円以下	33%	153万6000円
1800万円を超え 4000万円以下	40%	279万6000円
4000万円超	45%	479万6000円

出典・国税庁ホームページより

図表11　公的年金等に係る雑所得の速算表

	公的年金等の収入金額	公的年金等に係る雑所得の金額
65歳未満の方	70万円以下	0円
	70万円超130万円未満	収入金額-70万円
	130万円以上410万円未満	収入金額×0.75-37万5000円
	410万円以上770万円未満	収入金額×0.85-78万5000円
	770万円以上	収入金額×0.95-155万5000円
65歳以上の方	120万円以下	0円
	120万円超330万円未満	収入金額-120万円
	330万円以上410万円未満	収入金額×0.75-37万5000円
	410万円以上770万円未満	収入金額×0.85-78万5000円
	770万円以上	収入金額×0.95-155万5000円

出典：国税庁ホームページ

65歳以上の場合には、控除額が増え基礎控除の38万円を含め１５８万円となります。こちらも同様に、１５８万円未満の場合には非課税となりますが、１５８万円を超えている場合には課税対象となります（図表11参照）。「仮に企業年金で年間２００万円もらいながら65歳になって、公的年金をもらうと、平均的な夫婦二人での月額22万円（年間２６４万円）となり、年間４６４万円。これに０・85をかけて78万５０００円を引くと３１５万９０００円が雑所得の金額になります。これを65ページの図表10の所得税の速算表に照らし合わせると、税率10％（31万５９００円）－９万７５００円＝21万

8400円が税金ということになります。

つまり、退職金を年金でもらった場合は少額とはいえ、毎年税金がかかるわけです。退職金を一時金でもらうか、年金でもらうかは、みなさんの考え次第といえます。

住宅ローンの残りを退職金で一括返済する人も多いとは思いますが、それだと老後資金に大きな影響を及ぼします。繰り上げ返済をするなどして、退職金には手を付けないということを鉄則にした方が安全です。

再就職して給料が激減しても国から最大15%が補填される

2013年に高年齢者雇用安定法が改正され、60歳以降も希望すれば、原則希望者全員同じ会社で継続して働くことができるようになりました。公的年金が将来的に減らされていくのは既定路線ですので、60歳以上も働こうという人がかなりの数を占めています。

しかしながら、会社側も人件費の高騰を恐れて、定年延長に踏み切る会社はごく一部で、ほとんどが一旦退職してから嘱託社員として再雇用という形式をとっています。そうした場合、定年前の給料に比べて5割未満になってしまうという例も珍しくありません。元部下が上司となり、誰でもできる単調な仕事が多いようで、再雇用者たちのモチベーションが下がった上に給料も大幅減となれば、がっくりされる方も多いと思います。

しかし、給料が定年前に比べて激減した方の場合、「高年齢雇用継続給付金」という、最大で15％が国から補填される制度があるのです。受給できるのは、次の要件を満たした人です。

・60歳以上65歳未満で雇用保険の被保険者であること
・被保険者であった期間が5年以上あること
・60歳時点の賃金に比べて75％未満の賃金であること
・支給対象月の給与が35万7864円未満であること

などです。

これらの条件を満たせば、低下した部分に合わせて給付金が支払われます。

たとえば、退職時の賃金月額が40万円だったとしましょう。嘱託社員として再雇用されましたが、給料は20万円と半減してしまいました。退職時の給料に比べて低下率は50％です。この場合、次のような計算式になります。

再雇用時の給与支給額20万円×15％（60歳時点の賃金に比べて50％の賃金なので最大の15％）
＝3万円

この3万円が、高年齢雇用継続給付金として、20万円の給与に加算されるというわけです。そして、この3万円には税金がかかりません。

雇用保険をもらうならば、65歳の誕生日2日前に退職しよう

Aさんは、定年退職後に65歳近くまで再雇用で働きました。ですが、ちょっとゆっくりしたいこともあり、会社を辞めることを決断しました。ここで問題です。Aさんは雇用保険を受け取ることができるのでしょうか。答えは○です。

雇用保険は会社を退職・失業した際に自動的にもらえるものではなく、いくつかの条件と手続きが必要となります。受給資格は次の通りです。

・定年退職前に雇用保険に6か月以上加入していること
・65歳未満であること
・すぐに働く能力があること

・すぐに働く意志があること
・求職活動をしているが再就職できない状態であること
これらの条件を満たしている場合は、退職後に会社から渡される離職票や雇用保険被保険者証などを持参し、自分の住所を管轄するハローワークへ行き、失業給付の手続きを行います。ポイントとなるのは、65歳前に辞めるということです。

65歳になるのは、「年齢計算による法律」により、誕生日の1日前になります。失業給付を受けられる年齢は65歳未満であることから、誕生日の2日前までに退職をし、ハローワークに行き求職活動をすることによって、失業給付を受けることが可能になります。

60歳定年後に同じ会社に再雇用されたときの雇用契約が週20時間未満になることがなければ、雇用保険の資格を喪失しません。つまり、被保険者であった退職前の過去2年間に、11日以上出勤した月が12か月以上ある場合に、失業給付をもらえることになります。

もらえる金額ですが、勤務時間が定年前と変わらない場合、勤続20年以上に該当します。そして、自己都合なので、基本手当の日額の150日分です。基本手当の日額とは、離職した直前の過去6か月の給料を180日で割った金額の45～80％（どの割合になるかはハローワークが決定）のことです。

ちなみに2017年8月から2018年7月までのケースでいえば（金額は毎年変わります）、64歳でもらえる上限額は1日7042円（離職前6か月の給料によって違います）となっており、それが28日分支給されます。つまり、最大で月額19万7176円がもらえるかもしれないのです。もちろん、所得税等は一切かかりませんし、支給開始後に65歳になったとしても、支給され続けます。

たった2日間、退職日を早めただけで最高で約100万円も得できる可能性があるのです。

また、2017年からは「高年齢求職者給付金」制度が始まりました。これは65歳以上の人も雇用保険に加入できることに伴って導入されたもので、65歳以上の人の失業給付ともいえるものです。雇用保険と同じく、すぐに受け取れる場合（会社都合など）と、3か月の給付制限（自己都合退社）がつく場合があります。需要条件としては、離職の日以前1年間に被保険者期間が通算して6か月以上あることです。

6か月以上1年未満の場合は30日分、1年以上は50日分が一時金として支給されます。支給金額は、おおよそ受け取っている給与の50～80％の日数分です。月給20万円の場合は、30日支給で約14万円、50日支給で約23万円ほどです。しかし、「高齢者休職者給付金」は65歳未満で受け取る失業給付と違い、年金とダブル支給できるメリットがあります。

退職したら国民健康保険よりも任意継続を選ぼう

これまで働いていた会社に退職手続きを経て新たに再雇用される場合、フルタイム勤務や週3日勤務など、様々な働き方がありますが、働く時間によって社会保険制度が変わります。健康保険の場合、同じ会社で働くフルタイムの社員と比べて、1日または1週間の所定労働時間及び、1か月の所定労働日数が、おおむね4分の3以上であれば、再雇用後も引き続き適用されます。ちなみに雇用保険に関しては、1週間の所定労働時間が20時間以上で、31日以上の雇用の見込みがある場合は、継続して被保険者となることができます。

この項では、この条件を満たした方が再雇用満了で退職した場合の健康保険をどうするか、を考えてみたいと思います。

結論からいうと「任意継続」の方が絶対にお得です。というのも、国民健康保険の場合、扶養という概念がなく、個人個人での加入ですから、加入する人数によって保険料が高くなっていきます。夫婦二人の場合、二人分の保険料を支払わなくてはなりません。一方の任意継続の場合は、条件さえ満たせば、扶養家族として保険証を追加することができて、それ以上の保険料はかかりません。つまり、扶養家族が多ければ多いほど任意継続を選択する方が得なのです。

もちろん、扶養家族のいる世帯、いない世帯や加入者の収入や住所によって保険料は変わりますから、ご留意ください。

ただし、任意継続に加入するには条件があります。中でも絶対に忘れてはいけないのは、退職後20日以内にお住まいの協会けんぽ支部に資格取得申出書を提出して申請することです。1日でも遅れるといかなる理由があろうとも、受け付けてはもらえません。また、1日でも保険料の納付が遅れると、翌日には強制的に脱退させられてしまいます。

ちなみに任意継続の期限は2年間のみ。それが過ぎたら、国民健康保険に移行しなくてはなりません。

退職時の「税金の還付漏れ」に気を付けよう

退職時にしなければならない手続きとして「税金」もあります。

会社からは、「退職金の税金はすべて完結しているので、手続きは何も必要ない」という説明がされると思います。

それゆえ世間の多くの人は、「退職時には税金の手続きは必要ない」と思っているようです。しかし、元国税調査官の立場からいわせていただければ、税金の還付漏れになって損をしているケースが多々見られます。

なぜそういうことになっているのか、順に説明しましょう。

実は退職時に完結しているのは、「退職金の税金」だけです。

しかし、退職した年に会社からもらう報酬というのは「退職金」だけではありません。その年も給料をもらっているはずです。

この「退職年の給料の税金」の手続きをし忘れているケースが非常に多いのです。しかも、この手続きは、還付になるケースが大半です。

サラリーマンというのは、毎月の給料において源泉徴収されています。

これは、確定した額を引いているのではなく、このくらいの収入の人は、大体このくらいの税金になるだろうという見通しでつくられた「税額表」を基にして引かれているものです。

実は、「税額表」に表示されている源泉徴収額というのは、実際の税額よりも多くなりがちなのです。この税額表は、後で税金の取りはぐれがないように少し多めに設定されています。そして、取りすぎた分は、年末の「年末調整」で返すことになっています。

たとえば、3月31日付で退職した人が、その年は再就職していなかったとします。1月から3月までは、毎月40万円の給料をもらっていました。扶養しているのは奥さんだけです。この人は毎月1万3270円を源泉徴収されています。ということは、3月までに3万9810円源泉徴収されていることになります。

この年の給料は120万円程度なので、本来、税金はかかってきません。この人は退職金ももらっていますが、退職金の税金は別に計算されるので、この年の収入はあくまで給料でもらった120万円だけということになります。にもかかわらず、3万9810円も税金が徴収されているわけです。

なぜこんなにたくさん源泉徴収されているかというと、毎月源泉徴収される金額というのは、1年間ずっとその給料がもらえると想定して決められているからです。つまり、この人の場合だと、月収40万円だから、年間480万円の収入になるだろうと仮定して、毎月の源泉徴収額が定められているという仕組みです。

このように、サラリーマンの毎月の源泉徴収額というのは、取られすぎている場合が非常に多いわけです。サラリーマンをやっているときは、年末調整をすることによって、払いすぎの税金が清算されます。

しかし、定年退職した人は、もう年末調整を受けることができません（12月末で退職すれば別ですが）。払いすぎた税金が、そのままになっている可能性が高いのです。つまり、退職した人というのは、「年末調整をしていない状態」になっているわけです。

退職したその年のうちに再就職していない人は、多かれ少なかれ、ほとんどがこのケースです。

では、どうすればいいのか。確定申告をすればいいだけです。

その方法は簡単です。

源泉徴収票を税務署に持っていって、「年末調整をしていないので、確定申告をしたい」といえば、税務署員が手続きの仕方を教えてくれます。たったそれだけの手続きで、多ければ数十万円単位の税金が還付されるのです。

申告をすれば還付になるケースとは？

とはいえ、この退職年の税金の還付は、誰もが「漏れ」になっているとは限りません。

退職した年に別の会社などに再就職し、再就職先で、「年間を通した年末調整をしてくれている場合」はこの手続きは必要ありません。

再就職した場合、たいてい再就職先で年末調整が行われます。それによって払いすぎている税金の還付を受けることができます。この場合は、自分で確定申告をする必要はありません。

しかし、それも再就職先の実情によって、若干違ってくる場合があるので注意が必要です。再就職した場合は、1年間に2か所以上の職場から給料をもらっていることになりますので、本来は、両方の職場での給料を通算して、年末調整をしなくてはなりません。ところが、会社によっては、そんな面倒なことはせずに、自分の会社が払った給料分のみで年末調整をすることもあります。

大企業から中小企業に再就職したときなどでは、時々あるパターンです。

そういう場合、前の会社で源泉徴収されている分については、放置されていますので、両方の給料を通算した「年末調整」が必要になります。

前の会社の分と通算されているかどうかは、源泉徴収票を見れば一発でわかります。給与の総額が、前の会社の分が加算されていればＯＫ、再就職先の会社の分だけしか記載されていなければ還付、ということになるのです。

たとえば、前の会社で１月から３月まで２００万円の給料をもらっていて、再就職した会社では５月から12月まで３００万円もらっていた人がいるとします。前の会社の分を合算して年末調整されていれば、「支払い総額」の欄には、５００万円と記載されているはずです。しかし「３００万円」と記載されていれば、合算はされていないことになりますので、確定申告をする必要が出てきます。

もし、わからなければ、再就職先の会社に尋ねてみてください。

「前の会社の分も通算して、年末調整されていますか？」

と。そうすれば、必ず教えてくれます。

定年後のアルバイトは、お金が戻ってくるケースが多い

定年退職した後、再就職はせずに軽いアルバイト程度の仕事をしようと考えている人も多いでしょう。

こういう人たちは税金に関して注意しなければなりません。

というのは、アルバイトの場合、年末調整をしていないことが多い、つまり税金を払いすぎになっていることが多いのです。

特にアルバイト先で、社会保険に入っていないような場合は、要注意です。

年末調整されていないことが多いですし、また年末調整がされていても、社会保険料控除がされていませんので、還付申告をすれば必ず税金が戻ってきます。

アルバイト先が、年末調整をしているかどうかは、源泉徴収票を見ればすぐにわかりま

す。年末調整をしていない源泉徴収票は、「支払い総額」の欄と、「源泉徴収額」の欄しか記載がないからです。

また「社会保険料控除」の欄や「生命保険料控除」の欄に記載がない源泉徴収票は、年末調整されていたとしても、税金を払いすぎの状態になっていますので、確定申告をすれば税金が還付されます。

確定申告の方法は簡単です。

退職した会社の源泉徴収票と、アルバイト先からもらった源泉徴収票、会社を退職した後の社会保険料の領収書を、税務署に持っていけばいいだけです（必要書類は、あらかじめ税務署に問い合わせてください）。

あとは、税務署員に「会社を辞めた後、アルバイトをしていて、年末調整をしていないみたいなんです」といえば、確定申告書をつくり方を教えてくれます。

このようにアルバイトをしている人は、退職した年だけではなく、それ以降の年も確定申告をする必要があります。前述したように、アルバイト先が社会保険に入れてくれていないような場合は、年末調整されていないことが多いからです。年末調整がされていても、社会保険料控除はされていません。ですから、還付申告をすれば必ず税金が戻ってくるのです。

年間100万円〜200万円程度のアルバイトであれば、大方の場合、税金はほとんど戻ってきます。多ければ10万円以上の税金が戻ってきます。手続き一つで10万円以上戻ってくるというのは、かなりオイシイはずです。

税金の納めすぎは自分で申告しないと戻ってこない

前項、前々項で紹介したように、退職して再就職していない人が税金を納めすぎになっていることは、あまり知られていません。かなり多くの人が税金を納めすぎになっているのが現実です。

にもかかわらず、このことについて、税務署はきちんと広報していません。税務署というのは、本質的にそういうところです。

公共料金とか、民間のサービス関係ならば、お金を払いすぎていたら、必ず戻してくれます。戻してくれなかったら「不当だ」として大変なことになります。

図表12　確定申告が必要かどうかのチェック表

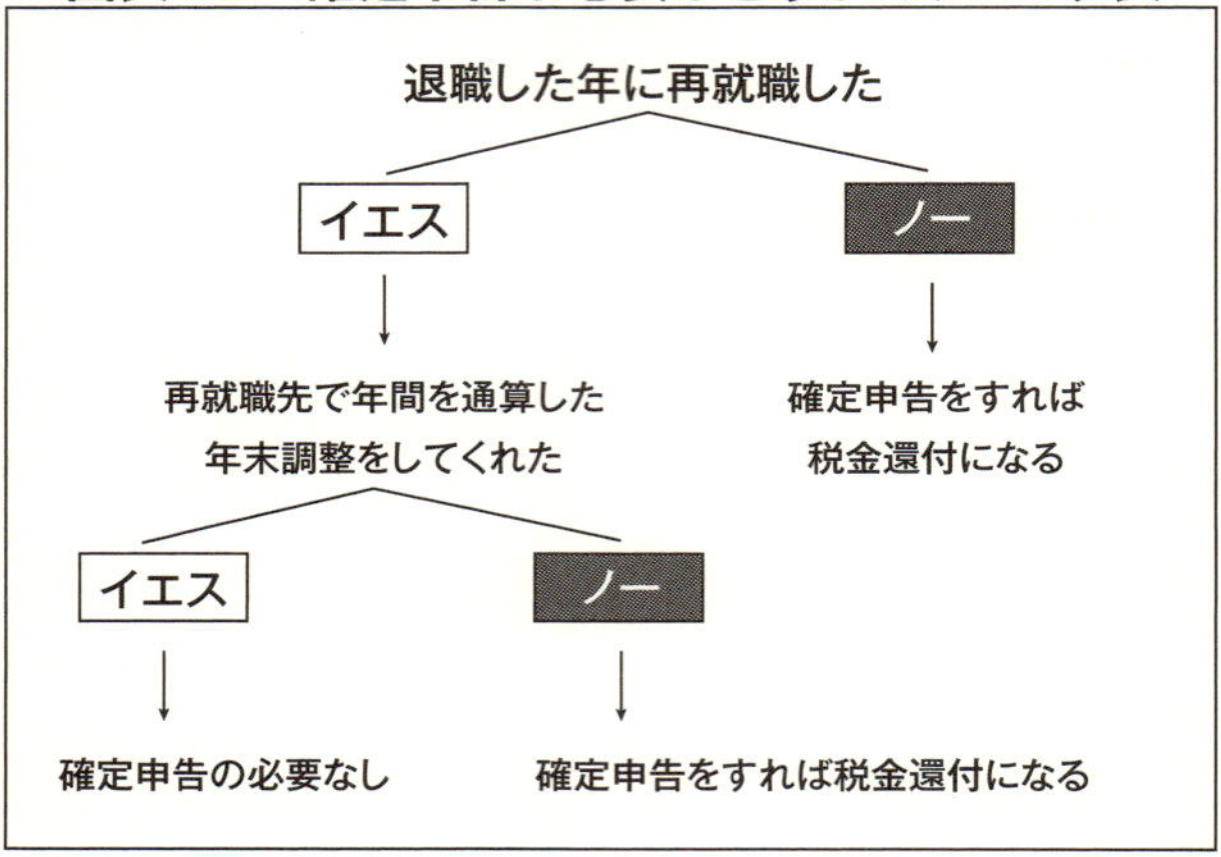

しかし、税金の場合は、そうではありません。

筆者は国税調査官として10年ほど勤めていたから身に染みて感じています。もし税金を納めていなかったり、納めた金額が足りなかったりすれば、税務署は容赦なく督促をします。でも、納めすぎた税金を税務署の方から自動的に返すなんてことは絶対にあり得ません。徴収した税金が減ってしまうわけですから。これが民間企業の取引だったら大問題になるところです。

これは税制上の欠陥なのですが、当面は改善される見込みはなさそうですので、必ず取り戻してください。

現役時代、税金のことは会社が代行してくれましたが、退職後は自分で情報を収集し、手続きをしなくてはならないということを肝に銘じてください。

退職した人が、どういう場合に税金の手続きをしなくてはならないのか、今一度、整理しておきます。図表12を見て該当する方は、必ず確定申告をしてください。

配偶者が働いている場合は配偶者の扶養に入ろう

退職したときの税金の手続きとして、「妻（もしくは夫）の扶養に入る」ということも忘れないでおいてください。

近年は共働きの夫婦は多く、夫が退職しても妻はまだ働いているという夫婦もけっこういるはずです。もちろん、妻が退職した後、夫が働いているというケースも多いでしょう。

そして、夫婦共働きの場合、お互いの収入が一定以上のときは、お互いを扶養に入れていないはずです。が、どちらかが退職してしまえば、扶養に入ることができるケースが多いのです。

もちろん、退職して再就職し、それなりの給料をもらえれば別ですが、再就職しなかったり、再就職してもアルバイト程度の給料だったような場合は、扶養に入ることができます。退職した後、しばらく再就職しない人、しばらく収入は雇用保険だけという人も多いでしょう。そういう人で、奥さんがもし働いているならば、奥さんの扶養に入れてもらった方が絶対に得です。

そうすれば、奥さんの税金が安くなる上に、あなたの社会保険料も安くて済むのです。奥さん（もしくはご主人）は、「配偶者控除」というものが受けられます。年収500万円程度の人で、所得税、住民税を含め、おおよそ6万円から10万円程度、税金が安くなります。老後の6万円から10万円というのは、けっこう大きい金額ですよね？

また社会保険料も、配偶者が会社で徴収される社会保険料だけで済みます。これまた年間で10万～20万円くらいの節減になります。

つまりは、配偶者の扶養に入ればかなり大きな節減ができるのです。

「自分は戸主だから扶養には入れない」

などと思っている人もいるようですが、これは大きな勘違いです。

税金での扶養関係と、戸籍はまったく関係ありません。戸主であっても、奥さんの扶養

図表13　どういう人が配偶者の扶養に入れるか

年金収入の人	65歳未満…年間収入108万円以下 65歳以上…年間収入158万円以下
給料収入の人	…年間収入103万円以下
事業や不動産などの収入がある人	…年間所得が38万円以下
複数の収入がある人	…合算した年間所得が38万円以下

※年間所得とは収入から経費を差し引いた残額です

出典・国税庁ホームページの資料を基に著者作成

に入ることは、図表13の条件を満たせばなんら問題ありません。

配偶者控除というのは、自分の配偶者（夫か妻）に収入がなくて自分が食べさせてやっている場合、その分の税金を安くします、という制度です。

「妻の扶養に入るなんて、男の沽券《こけん》にかかわる」

などと思う人もいるでしょう。

でも老後のお金を考えれば、男の沽券なんて考えてはいられません。それに妻の扶養に入ったとしても、別に経歴に傷がつくわけでもありません。また、あなたが扶養に入っていることをだれかに知られるわけでもないのです。

子どもの扶養に入るという手もある

前項では、再就職をせず年金もまだもらっていない人は、配偶者（妻もしくは夫）の扶養に入れば、税金や社会保険料が安くなるということを述べましたが、配偶者ももう働いていない、もしくは年収１００万円もいかないくらいのパートしかしていない、という人も多いでしょう。

そういう方々は「子どもの扶養に入る」こともできます。

子どもがすでに就職していて給料をもらっているのであれば、子どもの扶養に入ることができます。

子どもの扶養に入ればどうなるか。簡単にいえば、子どもの税金が安くなります。両親を扶養家族に入れれば、大体10万円から多ければ20万円以上も税金が安くなるわけです。

子どもの扶養に入る際に、誤解されやすいことがあります。それは「同居していないから扶養に入れない」というようなものです。これは都市伝説に過ぎません。

図表14　子どもの社会保険に親が入る条件

同居している場合	別居している場合
親の年収が130万円（60歳以上または障害者は180万円）未満で、子どもの収入の2分の1未満であること	親の年収が130万円（60歳以上または障害者は180万円）未満で、かつ、その額が子どもからの仕送り額より少ないこと

扶養というのは、必ずしも一緒に暮らしていなくても入ることができるのです。

扶養に入れる要件として、税法では「生計を一にしていること」ということになっています。しかし、これは一緒に暮らしていなければならない、ということにはなっていません。仕送りをしていたり、経済的な後ろ盾になっていれば、生計を一にしているということができるのです。

税務署は、子どもの扶養に入る条件として「子どもに生活費の面倒を見てもらっている人」ということを挙げていますが、それには厳密な線はありません。

子どもの税金が安くなるだけなので、あなたご自身には特にメリットはないのですが、子どもの税金が安くなれば、子どもとの関係もそれだけ良くなるはずです。第二の人生において、子どもは「扶養するもの」から「頼るべきもの」になっていきます。子どもとの関係を良くしておいて、損はありません。子どもの税金を安くしてやれば、小遣いをくれることもあるかもしれません。

また子どもの社会保険に入れてもらえば、社会保険料は払わなくて済むようになります。退職後といえども、夫婦で社会保険料は総額で大体20万円以上、多い場合は40万〜50万円かかります。これを払わなくてよくなるということは、非常に大きいはずです。

ただし、87ページの図表14の通り、子どもの社会保険に入る場合には、若干、細かい条件があります。勘違いが多いのが、遺族年金をもらっている母親のケースです。遺族年金は収入にカウントされないので、多額の年金をもらっていても子どもの扶養に入ることはできるということだけは覚えておいてほしいと思います。

第3章

年金不足分は投資よりプチ起業で補おう

元プロの証券マンでも株の売買益を狙って大失敗

この章では、定年後貧乏にならないために老後資金を増やすことを考えていきたいと思います。まずはもう一度、退職金のことに話を戻してみます。そもそも退職金とはどういう性格を持っているのでしょうか。多くの人が「長年会社で貢献してくれたご褒美」と答えますが、大間違いです。退職金とは「給料の後払い」のことです。そのため、ご褒美だからと大判振る舞いをしていると老後資金が一気に目減りします。特に、退職して隠居生活に入る人は注意が必要です。なぜなら、退職翌年には前年の住民税がかかってくるからです。

また、退職金が入って、老後の資産を増やすために、株などの「投資家デビュー」を考えている人もかなり多いようです。しかし、前述したように、退職金は「後払いの給料」であり、余裕資金ではありません。

たしかに資産構築の方法として、「投資」も重要なアイテムではあります。

気を付けていただきたいのは、株式などの投資にはリスクがつきものである、ということです。プロの投資家でもなかなか儲けることができないものなのです。そんな歴戦のプロたちが躍起になっているなかで、素人が大金など掛けたりしたら結果は日の目を見るより明らかです。著者の知人に長年勤めた証券会社を定年退職して、株式のトレーダーになった方がいますが、儲からないどころか退職金を大きく目減りさせてしまい、仕方なく再就職をしているくらいです。元プロの証券マンでも、株式の売買で儲けを出すというのは難しいのです。

だからこそ、老後の資金を増やす方法として、「株の売買益」（キャピタルゲイン）をあてにするのは非常に危険です。

アベノミクスで株式市場が右肩上がりのトレンドを続けているので、株で大儲けしたという話はけっこう聞きます。しかし、右肩上がりのトレンドが永久に続くことはあり得ません。必ず、暴落する日はやってきます。東日本大震災の際に、別の知人は２０００万円もの大損をしてしまいました。

投資したお金が２倍、３倍になる可能性があるということは、半分、３分の１になる可能性もあるということです。そして、資金力のない素人投資家は、得てして後者の方になりがちです。

そもそも、現在のアベノミクスは「官製相場」です。安倍政権の支持率の源泉は円安誘導と株高です。ＧＰＩＦ（年金積立金管理運用独立行政法人）が４００兆円近いお金を株式市場に投入していますし、株式が売られたら日本銀行がＥＴＦ（上場投資信託）を年６兆円を超えるペースで買い増して、ＥＴＦの保有残高は20兆円を超えています。こうして株価を支えているのです。政府がバックで支えている官製相場であれば、株安になることはないと見越して大勢の外国人投資家が日本株を買い漁っています。２０１８年1月には、日経平均が26年ぶりにバブル崩壊後最高値である２万４０００円台を回復しました。

ただし、法律でＧＰＩＦの日本株購入は全体の25％までと決まっています。それもそろそろ限界に近づいてきています。ＧＰＩＦの資金が、これ以上買い支えられないと判断した瞬間に、外国人投資家は一斉に利益確定のために日本株を売るでしょう。そうなったら株式市場は暴落します、確実に。そして、いつの時代でも大損するのは、株ブームにのって資金を増やそうとした一般庶民というのは歴史が証明しています。

せっかく真面目に定年まで働いてきても、退職金を株で全部失ってしまったら、目も当てられませんし、家族からも見捨てられてしまうかもしれません。

売買益ではなく配当目的に長期保有しよう

しかし、だからといって、「投資」を資産アイテムの中からまったく除外してしまうのも、もったいない話です。

というのも、株の投資は、「売買益」を考えずに、配当（インカムゲイン）だけを考えれば、かなり有利な金融商品となり得るからです。

たとえば、トヨタ自動車の株を見てみましょう。

この10年間でトヨタの株価は、大体3000～8000円の間で推移してきました。本稿執筆時点では、7000円前後です。トヨタの株の単元株は100株なので、本稿執筆時点で買うとなると最低で約70万円の資金が必要です。

安いときに買った人は、倍以上の儲けが出たことになりますし、高いときに買った人はかなり損をしている人もいるでしょう。

このように、株価というのは、トヨタのような大企業でも乱高下するものであり、株の売買で儲けようと思うと、なかなかリスクが高いものなのです。

しかし、図表15の配当金に着目してください。

トヨタの配当金は、この10年間、リーマン・ショックの影響でもっとも安いときでも1株あたり45円。高いときでは210円の配当を出しています。1年間に受け取る配当は4500円~2万1000円です。10年間の平均は126円なので、1万2600円ということになります。

もし、一番高いときに買ったとしても、年平均126円の配当を受け取れるとすればどうでしょう?

10年間の配当の合計は1260円×100株=12万6000円です。

一番高い時期に買ったとしても、一株8000円くらいです。8000円に対して、126円の配当をもらえるということは、年利1・5%程度の利息が付くことを意味します。

昨今の低金利時代、預金として考えた場合、こんな利率の高い預金はないといえるでしょう。

もし、株価が3000円のときに買っていれば、年利4%の配当がもらえることになり

図表15　トヨタの配当金の推移

2008年3月期	140円
2009年3月期	100円
2010年3月期	45円
2011年3月期	50円
2012年3月期	50円
2013年3月期	90円
2014年3月期	165円
2015年3月期	200円
2016年3月期	210円
2017年3月期	210円

トヨタの発表資料より著者が作成

ます。

つまり、株価自体には目をつむり、株は一生売らないというくらいの覚悟をし、ただただ配当金だけを目的にした場合、株式投資というのは、けっこういい金融商品といえるのです。

自分の貯金のうちの一部だけ、たとえば、2000万円貯金があったら、400万円分を株購入に充てます。そして、毎年平均して2％の配当金をもらえたとします。すると、毎年8万円がもらえる計算になります。ちょっとした小遣いにはなります。

これは、決して現実味のないことではなく、普通にあり得ることです。

トヨタに限らず、安定的に配当を続けている企業は、多々あります。2016年の東証一部上場企業の平均の配当利回りは、1・5～2％でした。預貯金に比べれば格段に高いのです。

このように、自分の預貯金の一部を株式投資に回すというのは、リスクヘッジという意味においても悪いことではありません。

繰り返しになりますが、株式投資にリスクはつきものです。東芝のように、日本を代表する巨大メーカーでありながら、株価が暴落することもあり得ます。もちろん配当が0になることもあり得ます。その辺は肝に銘じておき、もし万が一、株価が紙切れになっても致命的なダメージを負わないくらいの金額で投資を心がけましょう。

NISAを使いこなせ！

株式投資をする際に、覚えておいていただきたいのはNISA《ニーサ》です。

NISAというのは、2014年から始まった「少額投資非課税制度」のことです。

簡単にいえば、年間120万円までの投資であれば、そこから得た値上がり益や配当金

（分配金）は非課税になる、という制度です。

現在の配当に対する税金は、20・315％です。つまり、NISAを使えば、20・315％の税金がゼロになるのですから、かなりお得ということになります。

さらに、NISAは、年間120万円ずつ投資の枠がもらえ、最大枠が600万円となります。最大600万円までの投資について、そこから得た値上がり益や配当金（分配金）は非課税になるわけです。

このNISAは、イギリスがつくった「ISA（個人貯蓄口座）」をモデルにしています。イギリスは、少額の個人投資を対象としたISAという制度をつくり、株式市場を活性化させました。日本もそれにならったわけです。

このNISAが有効なのは5年間だけです。

どういうことかというと、1年目に120万円の投資をしたとします。この120万円の投資に対する利益が非課税になるのは、5年間のみということです。6年目には税金がかかってきます。

そのため、1年目の120万円分の投資は、そのまま持ち続ければ、6年目には税金がかかることになります。

しかし6年目には、1年目の120万円の枠がなくなることで、120万円の枠が一つ増えます。ですから、1年目に投資した株などを、新しい枠に取り込むという形で、そのまま持ち続けることも可能です。

NISAを始めるには、証券会社に口座をつくらなければなりません。

ただ対面販売の証券会社よりも、ネット証券会社の方が、株の売買手数料が安くて済みます。なので、ネットで証券口座をつくることのできる人は、ネット証券会社を利用した方がいいでしょう。ネットでの証券口座の開設は、そう難しいものではありません。先方から送られてくる書類に、必要事項を記載するだけです。クレジットカードの申し込み程度の作業で済みます。

でも、今まで証券口座をつくったことがない、株のことはよくわからないという不安を持つ人は、無理をせずに対面の証券会社でつくることをお勧めします。また証券会社は、いろいろ選べますので、いくつかの証券会社をじっくり検討してみましょう。一つの証券会社で説明を受けて、それですべてお任せするようなことは避けた方がいいです。

なぜなら、一旦、証券会社でＮＩＳＡの口座をつくった場合は、４年間は他社に乗り換えられないからです。自分はどういう投資をするのかをまず決めて、各証券会社がどういうときに手数料がいくらかかるのか、などを詳細に検討してから口座をつくってください。とはいえ、ＮＩＳＡといっても、普通の株式投資、投資信託と変わりませんので、相当のリスクがあることは覚悟してください。

ＮＩＳＡは、人によっては非常にメリットのある制度です。

そのため、なかには、多くの証券会社などで重複して口座をつくってみようと思っている人もいるようです。ＮＩＳＡが始まった当初の２０１４年には、10万件もの重複申し込みがあったそうです。

ＮＩＳＡの申し込みは、一人につき一つしかできません。証券会社や銀行間では、申込者のすり合わせが行われます。重複して申し込んでも絶対にバレてしまいますので、無駄な労力をかけるのはやめておきましょう。

ＮＩＳＡのデメリット

前項では、ＮＩＳＡは「投資」であり、元本が割れるリスクは多々あるものの、魅力ある商品であるということを述べました。では、

「リスクさえ覚悟すれば、ＮＩＳＡはいいことずくめか？」

「普通の投資よりも絶対に有利なのか」

というと、そうでもありません。

というのは、ＮＩＳＡは、利益が出たときには非課税となっていますが、損が出たときの税制上の救済措置はまったくないのです。

普通の株式投資の場合は、一つの株で損が出たときには、他の株の儲けと合算して計算することができます。

たとえば、Ａの株で２００万円儲けても、Ｂの株で２００万円損したならば、所得は差し引きゼロということになります。そして、年間の合算額に赤字が生じた場合には、その赤字を翌年以降（３年間）に持ち越すことができます。

株の取引1年目で200万円の赤字が出たとします。それが2年目には200万円の黒字が出ました。この2年目の収支は、前年の赤字が繰り入れられるので、差し引きゼロになるというわけです。

この赤字の繰り越しが3年間可能なわけです。

しかし、NISAでは、赤字の通算や、繰り越しということができません。NISAは、もともと税金がかからないので、黒字になっても赤字になっても、税金ゼロということは変わりません。

そのためダイナミックに株取引をしている人にとって、一つの取引で損をしたときに、他の取引と通算できなかったり、赤字が繰り越せなかったりすることは、取引規模を維持していく上で大きなデメリットとなります。

落とし穴は、ほかにもあります。

期限である5年後には、所有株式を売却するか、一般口座に移さなければなりません。

たとえば、当初はかなり儲けて、200万円ほどになったとしましょう。ところが、期限である5年を迎える前に100万円まで下がってしまいました。そして、5年を迎え、一般口座に移すのですが、その時点で、この株は100万円で買ったものと見なされるわけです。その後、この株が元の200万円に戻った場合、この株を売却すると100万円の利益が出たということになり、20・315%の税金がかかってしまうのです。このケースでいえば、約20万円ということになりますね。つまり、NISAの場合、5年以内に儲けを出さなければ、損をする可能性があるというわけです。

こういうデメリットも知っておかないと大損する可能性があるということです。

2018年から始まった「つみたてNISA」とは?

2018年1月から、「つみたてNISA」という、新しい少額投資非課税制度が始まりました。

これまでのNISAと同様に、投資から得た利益や配当金に税金はかかりません。

NISAと違うところは、非課税投資枠が年間40万円で、投資期間が最長20年というところです。つまり、非課税枠がNISAの120万円の3分の1になっている半面、投資期間は4倍の20年になっているのです。

図表16　従来のNISAと「つみたてNISA」の違い

	従来のNISA	つみたてNISA
年間の投資枠	120万円	40万円
非課税期間	5年	20年
最大投資枠	600万円	800万円
投資できる銘柄	金融市場で売買されているものであれば原則として自由	金融庁が厳選した投資信託のみ
保有商品の移行	可能	不可
払い出し制限	なし	なし

40万円を20年間、投資できるわけですから、投資枠は最大で800万円になります。

そして、「つみたてNISA」の最大の特徴は、投資できる商品が非常に限られていることです。「つみたてNISA」では、金融庁のお墨付きを得た商品（投資信託）のみにしか投資できません。つまり、損をしないであろう商品を金融庁が厳選することで、国民が投資しやすくなっているわけです。

かといって、まったく損が出ないと保証してくれるわけではありません。金融庁が厳選するけれども、最終的には自己責任です。

また、従来のNISAと、この「つみたてNISA」は、併用することはできません。どちらかを選ばなくてはならないのです。

「つみたてNISA」は、長期間にわたって積み立てるときには、適しているといえます。一方、今までのNISAは、今ある資産を少しでも増やしたいというときには適しているといえるでしょう。

ざっくりいえば、すでに定年を迎えてしまった人、あるいは定年間際の人は、今までのNISAを使い、40代後半など、まだ定年までに時間的余裕がある人は、「つみたてNISA」を使うのがベターです。

「有事の金」はリスクヘッジになるのか

老後の資産をなるべく分散投資しておこうという人も多いと思いますが、そのなかには、「純金」に興味を持っている人もおられるでしょう。

太古から、金持ちは、リスクヘッジとして金を保有してきました。

金というのは、世界中で存在量が限られており、そう大量に増加するものではありません。そして、古代から、価値のある貴金属としての地位を守ってきました。

モノの値段、不動産の値段、お金の価値というのは、その時代、その時代で、上下します。

金持ちは、自分の資産をなるべくいろいろな種類に分散しておきます。その一つとして「金」があるわけです。

つまり、現金や金融商品、不動産などと並んで、金を持っておくということです。そうすれば、お金の価値や不動産価値が下がったときに、もしかしたら、金だけは価値が上がっているかもしれません（その辺はなんともいえません）。

つまり、インフレ、デフレなどで自分の資産を目減りさせないために、リスクヘッジとして、金を持っておくわけです。「有事の金」という言葉があるように、2000年代初頭のITバブル崩壊、2008年に起きたリーマン・ショックの際には金は上昇しています。

ただし、では老後の資産管理として、誰にでも金が有利かといえば、そうともいえません。金の相場というのは、いわれているほど安定しているものではないからです。

2000年ごろに1グラム900円だったものが、今は5000円近いのですから、15年間でなんと5倍に上昇したということになります。

ということは、その逆に急下降することもあり得るというわけです。

金は、古《いにしえ》からその価値が乱高下してきた歴史があります。

もちろん、このまま上がり続ければ、問題ありません。

しかし、下がった場合は、どうでしょう。もし2分の1になった場合は、財産が半分に減ることを意味します。

実際、1980年から1985年の間には、金の価値は半分以下になっています。

乱高下する商品を買うということは、その損益を自分で責任を取らなくてはなりません。

もし、老後の資産の大半を金で保有していれば、金の価値がちょっと増減すれば、大きな影響を受けてしまいます。

金というのは、短期的に見れば上がり下がりしながらも、長い目で見れば、長期間ずっと上がってきています。ですから、長いスパンでの蓄財、資産管理としては、今のところ有効なスキームであることは間違いないでしょう。

しかし、老後というのは、そう長い時間ではありません。運が悪ければ、金が値下がりしたまま、老後生活を終えてしまうということにもなりかねません。

さらに金にもデメリットがあります。信用リスクがない代わりに、金自体に利息がないという点です。また手元で保管をする際は、紛失・盗難などの恐れもあります。こうしたデメリットを加味して考えることが鉄則です。

国が元本と利息を保証する変動金利型10年満期個人向け国債

これまでお話をしてきた投資案件はどれもリスクがあるものでした。若いうちなら失敗しても働いて取り戻すチャンスはありますが、定年後となるとそうはいきません。そのため、絶対に元本保証、絶対に安全なものでなければ嫌だ、という方も多いはずです。

とはいえ、マイナス金利の現在、メガバンクの金利は普通預金で０・００１％、定期預金でも０・０１％です。１００万円預けてもそれぞれ10円、１００円にしかなりません。しかも、ここから20％の税金が引かれるわけですから、まさに雀の涙程度です。

そんななかで隠れた人気を誇るのが、変動金利型10年満期個人向け国債「変動10年」です。

なぜ、人気なのか。簡単にいえば、現在の個人向け国債は安全に運用したい人にとっては、抜群に優れた商品だからです。何といっても、元本と利息を国が保証しているのです。日本は1000兆円を超える借金があり、国債が暴落して財政破綻する可能性があるなどという人もいますが、うそです。実際に日本は700兆円近い資産を持っており、しかも負債のうち約500兆円は日本銀行が保有しています。日本銀行は政府が株式の55%を持つ子会社です。連結決算すれば、相殺されてしまいます。大メディアで喧伝《けんでん》されているような状態ではないのです。

さらには、将来の金利上昇局面にも強いということです。

1年分の金利を支払うと元本で償還できるので、1年以上保有すると元本割れしないのです。また、変動金利タイプのものは、将来長期金利が上昇した場合に、半年単位で設定される利率が長期金利の66%に連動します。現在の利率は0・05%と超低金利となっていますが、長期金利が上がれば、それに合わせて利率も上昇するという仕組みです。もちろん、現在の0・05%はあまりに超低金利ではありますが、マイナス金利の影響で他の金融商品の利回りが大きく下がっているので、相対的に見れば、安全かつ高利回りな商品といえることが人気の秘密となっているのです。

不動産投資のオイシイ話を鵜呑みにするな

昨今、老後資金の備えとして、年金収入代わりに不動産投資を始める人が増えているようです。歴史的低金利の影響もあって、アパートなどの建設資金の銀行融資が急激に増えています。

新聞広告やテレビCMなどでも、「あなたもアパート経営を始めませんか」というようなものを非常によく見かけます。

確かに不動産投資は、長い期間ずっと収入を得ることができます。貯金であれば、だんだん減っていきます。昨今の低金利では、利息はまったくあてにはなりません。しかし、不動産賃貸収入は、ずっと定期的に入ってくる（可能性がある）ものです。

そのため、貯金でお金を寝かせるよりは、不動産に投資した方がいい、という人が多いわけです。

たとえば、3000万円を不動産に投資したとします。

不動産投資をしていれば、一定の収入がずっと入ってくる可能性があります。30〜40年と定額の収入が得られるかもしれません。

一方、もし3000万円を投資せずに、貯金したとします。すると大体において、この3000万円は、年月とともに減っていくだけです。

それを考えれば、不動産投資は非常に魅力的に映るものと思われます。

が、しかし、です。

今、不動産投資を始めることは非常に危険です。

「サブリース」という言葉があります。これは家主が不動産業者に建物を賃貸し、不動産業者が実際に住む入居者に貸し出し、入居者から入った家賃の中から手数料を引いた分を家主に渡すというものです。簡単にいえば、又貸しです。「30年一括借り上げ」という長期契約を売り物に、不動産賃貸において素人である家主を安心させるというわけです。ところが、この「サブリース」が全国各地でトラブルを引き起こしているのです。

実際、大損した人の例を話しましょう。

仮にXさんとします。Xさんはすでに定年退職し、親の遺産相続で譲り受けた大きな土地を所有していました。ですが、広大な土地のため、年間の固定資産税もかなりの額となっており、年金暮らしのXさんには重い負担となっていました。そんなとき、不動産会社の営業マンがXさんの元を訪れました。広い土地にアパートを建てれば、定期的収入が入ること、入居者からの家賃取り立てなどの雑務はすべて不動産会社がやってくれること、土地の上にアパートを建てることによって土地の評価額が下がり、将来の相続税対策になること、何より「30年一括で弊社が借り上げます」という言葉がXさんを「その気」にさせました。

アパートの建築資金の7000万円は、その不動産会社と提携している金融機関があっさりと貸してくれました。土地が担保となったのです。そして、アパートが完成し、入居者も続々と集まりました。Xさんにとっては願ったり叶ったりでした。それから10年間は、不動産会社から契約通り月額で70万円が支払われました。毎月のローンは30万円強。諸経費を除いても20万円以上がXさんの手元に残りました。公的年金と合わせれば、十分すぎる金額でした。

ところが10年も経つと建物は経年劣化する上に、近所にも新築のアパートが建ち始めていました。入居者の数も空きが目立つようになっていました。そんなある日、件の営業マンが突然訪れて、こう切り出したのです。

「この辺の家賃相場は、かなり下落しています。つきましては月額契約を4割ほどカットしたいので、ご捺印《なついん》いただきたい」

4割カットということは、月額の収入が70万円から42万円にダウンすることになります。しかし、ローンは30万円強、諸経費を含めれば、Xさんの手元には1円どころか、毎月持ち出し分が発生してしまいます。つまり赤字です。アパートの経年劣化と共にいろいろな箇所に補修費がかかりましたが、それらも全部Xさんの持ち出しです。これだけでも数百万円もかかっています。とても呑める条件ではありません。当然のごとく、営業マンの申し出を断ると彼はこういい放ちました。

「それでは契約解除ということになりますけどよろしいですね？　10年後は2年ごとに家賃の見直しをする旨のことが契約書に記されています。ご存じですよね？」

そういわれて、契約書を見直すと本当に小さな文字で、そのことが記されていました。

結論からいうと、アパートを売り出しても買い手がつかず、仕方なくアパートの入居者に退出してもらい、更地にして売却し、ローンの残債を返済しました。ある程度の現金は戻ってきたものの、親からもらった土地は手放さざるを得なくなったのです。もちろん、すべての業者が悪徳とは断じませんが、このような「サブリース」を巡ったトラブルが各地で起きているのです。

さらに現在では、少子化と東京一極集中で地方では空き家問題が深刻化しています。一部の都心やブランド化した街以外は、さらに空き家問題が深刻になっていくはずです。2020年の東京オリンピック・パラリンピックまでは、宿泊施設不足などで首都圏の地価は上がるかもしれません。しかし、その後は、都心部の土地も値下がりするのではないか、と見られています。

しかも、都心部の一部において現在はバブルの様相を呈していて、賃貸アパート、賃貸マンションは急激に増えています。需要と供給の原則からいえば、将来的に家賃が下がることはあっても、上がることはないと思われます。

筆者は、7~8年前の著書の中では、サラリーマンは不動産投資をした方がいいと述べていました。確かにそのころであれば、サラリーマンが手っ取り早く副収入を得るには、不動産投資は使い勝手がよかったのです。

しかし、もうすでにそういう時代はとうに過ぎています。頃合いを見計らって、余計な賃貸物件は売却すべきです。

もちろん、物件にもよります。

たとえば、「都心部のターミナル駅で徒歩5分以内」「名門大学が近くにいくつかある」というような、よほど条件のいい物件でないと、収益的に成功するとは思えません。

しかも、そういう物件は、値も張りますし、購買時の競争も激しいものです。

不動産に関して、よほど知識と情報、そして余裕資金があり、絶対に収益を上げられるという物件を持つ人以外は、今後の日本においては安易に不動産投資に手を出すべきではないと個人的には感じています。

これまで、投資で老後資金をどうすべきか、ということを考えてきました。もちろん、それぞれの性格もあり、投資に向く人、向かない人がいます。そういう場合は、一切投資には手を出さないという考え方もアリです。国が推奨する「貯蓄から投資へ」というスローガンには、「もう国には頼るな。すべては自己責任でやれ」というメッセージが込められているからです。

次は個人事業主や小さい会社をつくる、いわゆるプチ起業して、お金を増やす方法を考えていきましょう。

借金をして起業してはならない

定年後の起業には大鉄則が一つあります。

それは、「借金をしてはならない」ということです。

事業をするときには、どうしてもある程度の資金が必要になります。自宅で細々と、SOHO的なことをやろうと思っても、通信機器を整備したり、名刺をつくったりすると、けっこうお金がかかるものです。

定年退職者が、事業で借金をして、もし失敗すれば、悲惨なことになってしまいます。定年後というのは、現役世代と違って、もし事業で失敗しても、再就職して立て直すということがなかなかできません。再就職しても、それほど大きな収入は得られない可能性が高いからです。

定年後の起業は、あまり大きな規模で始めてはなりません。それでは、どのくらいの規模までなら大丈夫か、という目安として「借金」を考えておいてください。つまり、借金をするほどの規模で、事業をしてはならない、ということです。

また定年後に、事業で借金をしようと思えば、銀行などはなかなか貸してくれませんので、利子の高いフリーローンなどで借りる羽目になります。定年後に、利子の高い借金をすれば、たちまち生活が破綻しかねません。

よって、もし定年後に起業するつもりの人は、あらかじめ開業資金を貯めておくことをお勧めします。

できれば、退職金には手を出さずに、預貯金だけで賄いたいものです。退職金は、老後の生活のためになるべく残しておいた方がいいでしょう。もし、それが無理な場合、最悪でも退職金で賄えるくらいの範囲で納めておくということです。

実は定年退職者は、プチ起業をするのに、非常に有利な立場でもあります。

というのは、定年退職者は年金で最低レベルの生活の保障はされています。そのため、しゃにむに生活費を稼がなくてもいいわけです。

これが40代以下の世代だったら、そうはいきません。起業するということは、自分の生活費を稼ぐことがまず第一になります。起業のハードルはそれだけ高くなります。

具体的な利益目標も、両者の間では大きく違ってきます。

40代以下の世代が起業するならば、最低でも数百万円の利益を上げなければ食べていけません。

しかし、定年退職者ならば、赤字にさえならなければ大丈夫です。商売をすることで、自分の貯蓄を減らさない限りは問題ありません。自分の好きなことをするわけですから、1万円でも儲かればラッキーと考えればいいでしょう。

つまり定年退職者は「道楽で商売ができる」という、とっても「けっこういい立場」なのです。

また、定年退職者ならば、起業しても嫌になればすぐにやめることもできます。40代以下ならば、そうはいきません。やめればすぐに、生活の問題、職業探しの問題が迫ってきますので、簡単にやめることはできません。

このように定年退職者は、とても低いハードルで起業することができるのです。たった一回の人生なのですから、やりたいことはやっておくべきでしょう。

ただし、逆にいえば、絶対にやってはならないことは、「無理に事業をひろげること」です。

若いころのように体力はありませんし、頭の回転も確実に衰えていきます。大きな収益を上げるのはリスクも伴います。

下手に儲けようと思って、退職金をつぎ込むと、元も子もなくなってしまいます。

定年退職者の起業は、あくまで「プチ起業」として考えるべきでしょう。5～10万円も稼げれば御の字だと割り切ることも必要です。それだけあれば、公的年金と合わせて、贅沢はできないかもしれませんが、少なくともひもじい老後生活からは解放されます。もちろん、うまくいく分には構いませんが、あまり欲をかかないということが大切です。

繰り返しになりますが、定年後のプチ起業では、次のことを心がけるべきでしょう。

・借金はしないこと。
・儲けようと思って大きな投資はしないこと。

絶対に手を出してはいけないフランチャイズ経営

次に具体的な例を挙げて説明していきましょう。「すまじきものは宮仕え」という言葉もあるように、長い間サラリーマンをやってきたのですから、せめて「一国の主」になりたいと思う人も多いでしょう。そのなかで、かなり危険なのがコンビニに代表されるフランチャイズ経営者です。すべてのコンビニ本部がそうというわけではありませんが、ある大手コンビニ店の場合を例にとって話を進めたいと思います。一般的に本部と加盟店は同等の立場であるはずですが、かつて加盟店オーナーだった人によると、実際には本部のいいなりにならざるを得ないのが実状だそうです。

特に問題なのが、特殊な会計方式にあります。

本部と加盟店は売上総利益（粗利）を山分けするという建前になっています。本部が土地と建物を用意する場合、売上高によっても違いますが、一般的に7割のロイヤリティを加盟店が本部に払い、残り3割を加盟店が取るという形を取っているそうです。これだけ見ても加盟店の厳しさが垣間見えますが、本部は粗利が増えれば増えるほど、ロイヤリティ収入が増える仕組みとなっています。一般に「売上高－売上原価＝粗利」となります。ところが、コンビニの特殊な会計では売上高から売上原価ではなく、「純売上原価」を差し引いたものを粗利と呼びます。「純」がつくのとつかないのとでは何が違うのでしょうか。

それは売上原価に含まれている廃棄ロス（弁当やパンなど）が、純売上原価に含まれないのです。つまり、経費として計上されるべき廃棄ロスが加盟店の営業費から引かれるというわけなのです。たとえば、原価100円、売値150円のおにぎりを1000個仕入れ、700個売れて、300個を廃棄した場合、売上は150円×700個＝10万5000円となります。一般の会計では売上原価10万円（100円×1000個）を引いた5000円が粗利となります。低価格のものが3割も売れ残れば、大した儲けにはなりません。

一方、コンビニの会計方式では、売上高から差し引くのは純売上原価（廃棄ロス分を含まない）ですので、10万5000円－7万円（100円×700個）＝3万5000円が粗利となってしまうのです。特殊な会計方式によって粗利が7倍に膨らめば、本部のロイヤリティも7倍になるわけです。ロイヤリティの率が70％の場合、一般の会計では5000円×70％＝3500円になるのですが、コンビニ会計では3万5000円×70％＝2万4500円となってしまうのです。要は、本部が商品を加盟店に仕入れさせればさせるほど、売れようが売れまいが本部の利益だけが増えるという仕組みなのです。もちろん、うまく店長を雇って成功させている人もいますが、相当の年商を上げないと苦労の割に儲からないというわけです。

さらに、コンビニ加盟店には、恵方巻やクリスマスケーキなど季節商品には売り上げの「ノルマ」が課せられます。ノルマを達成するためにオーナーはもちろん、アルバイトにまで自腹買いさせなくてはならないそうです。そのアルバイトにしても、現在はアルバイト代が高騰し、きつい仕事は嫌がるため、人材の確保もままならないようです。人がいなくても本部との契約で店は開かなければなりません。必然的にオーナーが店に立つ羽目になるわけです。知人の元オーナーなどは夫婦二人で12時間ずつ、2交代で3日間働きづめになったこともあったそうです。現役並みにバリバリ働きたいという方は別にして、老後はのんびりとマイペースで仕事をしたいと考える人には合わないかもしれません。

飲食店を成功させるためには「家賃」を考慮せよ

「会社を引退したら、ゆっくりと喫茶店でもやりたい」

「料理が好きだから、家庭料理を出す小料理屋をやるのが夢だ」

意外と定年後に飲食店経営に手を出す方は多いようです。確かに居抜き物件を借りれば、すぐにでもオープンできそうな感じがしてしまいます。しかし、ここにも大きな落とし穴が待っています。飲食業界というのは、とにかくプレーヤーの新規参入が多い世界です。「3年もてば成功」といわれるほど、競争が激しいのです。

飲食業界には「FL比率」というものがあります。Fはフード（原材料）、Lはレイバー（人件費）で、売上におけるこの比率が50％以内だと優良店、65％を超えると不採算店といわれています。一般的には、この比率を売上の55％くらいに抑えれば成功とされています。

大手居酒屋チェーンやファミレスが安価に商品を提供できるのも、食品メーカーから一括購入、大量仕入れすることで、「FL比率」の原材料費を大幅に下げられるからです。しかし、個人で店を経営する場合は、そういった芸当はできません。仕入れの段階で大きなハンデを背負うことからスタートします。

人件費にしても、最近の人手不足で時給は上がり続けています。奥さんや家族に手伝ってもらわないと、とてもじゃなければ「FL比率55%」は難しいでしょう。逆に街なかの古い食堂がしぶとく生き残っているのも、家族だけで経営しているから人件費がかからず、「FL比率」を大きく下げていることが理由といえるでしょう。

そして、飲食店にせよ、オフィスを立ち上げるにせよ、最も重要視すべきは「家賃」です。ほとんどの事業で、一番大きな固定費となるのは、人件費と家賃です。そして、事業がうまくいかなくなるときというのは、家賃を払えなくなったときが圧倒的に多いのです。

まず、最初に気に留めておいていただきたいのは、新たに家賃が発生するようなことは極力避けるべきです。つまり、店舗や事務所を借りるのは、できる限りやめた方がいいといっても過言ではありません。

では、どうすればいいのでしょうか。方法がないわけではありません。

自宅を手放して、店舗付き住宅を買うというのが有効な手だといえます。

店舗が自分のものであれば、家賃を払う必要がありません。

実はこれがキモなのです。

たとえば、理美容業の話ですが、昨今、1000円程度の格安理容室が各地に急増していて、既存の理美容室は軒並み姿を消しています。

しかし、生き残っている理美容室を見てみると、意外にも辺鄙《へんぴ》なところにある、おじさんやおばさんがやっているような店が圧倒的に多いのです。これは「家賃」が大きく影響しています。街の中心部ともなれば、地価が高いのは当然で、それに合わせて家賃も高くなります。先に述べたように多くの業種で、固定費の中で高いのは人件費と家賃です。

家賃が高い店ほど、損益分岐点が高くなるのは当たり前です。理美容業などの場合、必要経費はシャンプーやリンス代、光熱費程度でほとんどが技術料です。家賃が高い店は客が減って少し利益が減ると、すぐに損益分岐点を下回ってしまい、廃業に追い込まれてしまうというわけです。

しかし、店舗付き住宅だと家賃は、ほとんどかかりません。ローンを払い終わっていれば、固定資産税と光熱費だけで済みます。こういう店では多少客が減ったところで、収入が減るだけで赤字にはなりません。

商店街などでも、客はあまりいないのに、なぜかつぶれない店があります。そういう店は、大体店舗付き住宅か、店舗所有者が商売をしているケースが多いものです。店舗付き住宅なので、住む場所も確保されています。つまりは、身体が動かなくなるまでは、商売ができるというわけです。

逆にいえば、自分で店舗を持っていない人（借りなければならないような人）は、無理に起業はしない方がいいかもしれません。借りるにしても、商売が成立できるような場所を探して、空き家を格安で借りて店舗に改造するなどして、とにかく家賃は抑えることです。

また小売業などをするならば、店舗を持たずに通信販売に徹するというのも手です。

そば店を開業して成功した理由

筆者の知人に、定年退職後、手打ちそば店を開いた人がいます。

仮にKさんとしましょう。Kさんは、かねてからそば打ちが趣味で、そば店を開くのが夢でした。そして、退職してからすぐに退職金の一部を開業資金にして、そば店を開きました。

Kさんは、退職後、引っ越しをして郊外に中古の家を買いました。この家を改造して店舗付き住宅にしたのです。アルバイトも雇っていません。

Kさんのそば店は、都会からは少し離れていますが、車の量も人通りも、そこそこあります。

Kさんは、最初から儲けようなどとは思っていませんでした。材料費分くらいのお客さんが来ればいいと思っていたのです。家賃はかからないし、自分一人で働くので人件費もかからず、経費は材料費と光熱費くらいです。

そして、休みたいときには休むし、嫌になったらすぐにやめるつもりでした。投資した開業資金のほとんどは家の購入費と、若干の什器《じゅうき》です。家はずっと住み続けられるので、開業資金は将来の家賃の前払いでもあります。しゃにむに開業資金を回収する必要もなく、やめたくなればいつでもやめられるという心の余裕もできました。

Kさんのそば店は、千客万来というほどの大繁盛はしていません。しかし、常連客も適度についており、材料代は回収し、月額7～8万円程度の収入にはなるようになっています。公的年金をプラスすれば、十分に生活していけるとのことです。

Kさんにとっては、思い描いていた通りの夢が実現したわけです。

一番大きいのは、「FL比率」が低いことに加えて、店舗付き住宅を購入したことです。店の運転資金は、ほとんどかからなくなりましたし、将来住む場所の心配もいりません。将来の心配をすることなく、思う存分、自分が飽きるまで、そばを打つことができるようになったのです。

故障楽器を修理してネットで販売

筆者の知人にはこういう人もいます。仮にIさんとしましょう。

Iさんは若いころから、アマチュアバンドを組むなどして楽器に親しんできました。一方で、仕事はエンジニアでしたので、機械にも非常に強かったのでした。

ギターなどは古い機種でも「ヴィンテージもの」として高値で取引されることがしばしばあります。しかし、故障したものはさすがに値が大きく下がります。

Iさんは、ギターの収集も趣味で、「ヴィンテージもの」の壊れたギターをネットオークションで安く入手しては、修理して自分で楽しんでいました。そのうちのいくつかをオークションに出すと、かなり高い値段で売れました。最初はギターを買う軍資金のために、売っていただけだったのですが、あまりにも利益率が高いので、半ば副業となっていきました。

定年した後は、本格的にそれを仕事とするようになりました。

修理の作業は自宅にある自分の部屋で行うし、売買はネットで行うので、この事業に関する家賃や諸経費はほとんどかかりません。修理が終わったらオークションに出すだけの作業なので、納期に追われるようなストレスもありません。

収入としては、月10万円程度です。

Iさんの友人の中には年金をもらうまでのつなぎのために時給900円程度のアルバイトをしている人もいます。一日4~5時間、週に4~5日働いても、月に8万~9万円ほどにしかなりません。

Iさんは楽しみながら自分のペースで仕事をして、それ以上のお金を稼ぐことができるのです。

「自分の得意分野を生かし、楽しみながら小遣い銭程度を稼ぐ」というのが、定年起業の大きなヒントなのかもしれません。

青色申告の専従者給与で大きく節税

前項、前々項でご紹介してきたケースはみんな個人事業主として、老後をゆるりとしながら生活している方々でした。個人事業主の場合は売り上げから諸経費を引いて、残った所得に所得税と住民税がかかるという仕組みです。個人事業主の場合、交際費などは原則ほとんどを経費にできるなどの利点はありますが、是非活用したいのが「青色申告の専従者給与」での大幅な節税です。

これはたとえば、奥さんを従業員にして、奥さんに給料を支払うことで税金を圧縮するという方法です。方法は簡単です。「青色事業専従者給与に関する届出書」を納税地の税務署に届け出るだけで、用紙も国税庁のホームページから簡単にダウンロードできます。ただし、家族に給料を支払う年の3月15日までが期限ですので、ご注意ください。

次に青色申告の専従者になるには次の条件があります。

・青色申告者と生計を一にする配偶者、親族である。
・その年の12月31日時点で年齢が15歳以上であること（ただし、高校生、大学生は原則なれません）。
・年間6か月以上、青色申告者の事業に専念していること。
ただし、青色事業専従者になってしまうと、「配偶者控除」「扶養控除」の対象から外されます。ですが、年間の給料を配偶者控除の38万円以上支払えば問題はありません。

実際にシミュレーションしてみましょう。

わかりやすくするため、事業所得が３００万円と仮定します。専従者給与を支払わない場合と源泉徴収を行う必要がない給与8万５０００円（8万８０００円以上だと源泉徴収する手間が加わります）を支払った場合では、所得税、住民税、事業税はそれぞれどうなるでしょうか。

１３１ページの図表17、18を参照していただければわかるように、実に11万円近い節税ができるのです。

しかも、奥さんの年収は１０２万円なので、税金はかかりません。個人事業主をやろう

図表17　青色事業専従者を雇わない場合

所得税

《300万円（所得）-65万円（青色控除）
-38万円（配偶者控除）-38万円（基礎控除）》
×5%（65ページの図表10の所得税の速算表参照）
=7万9500円

住民税

《300万円（所得）-65万円（青色控除）
-33万円（配偶者控除）-33万円（基礎控除）》
×10%（住民税の税率は10%）=16万9000円

事業者税

《300万円（所得）-290万円（事業者控除）》
×5%（事業者税はほとんどが5%）=5000円

所得税 + **住民税** + **事業者税** の合計25万3500円

図表18　青色事業専従者に源泉徴収を行う必要のない給料8万5000円を毎月払った場合

所得税

《300万円（所得）-65万円（青色控除）-102万円
（専従者給与。月額8万5000円×12か月）-38万円（基礎控除）》
×5%（65ページの図表10の所得税の速算表参照）=4万7500円

住民税

《300万円（所得）-65万円（青色控除）
-102万円（専従者給与）-33万円（基礎控除）》
×10%（住民税の税率は10%）=10万円

事業者税

《300万円（所得）-102万円（専従者給与）-290万円（事業者控除）》
=マイナスなので0円

所得税 + **住民税** + **事業者税** の合計14万7500円

青色事業専従者を雇わなかった場合に比べて 約11万円 も節税できる!

と考えている人には必須の節税術といえます。

会社組織にするかどうかの分岐点は売上1000万円

これまでは個人事業主をメインにした考え方を述べてきました。しかし、一方で「法人（会社）」にするという選択肢があります。

「個人事業」と「会社」はどこで分けられるのかというと、実は法人登記をしているかどうかだけです。

事業をやっている者のうち、法人登記をしている事業者が「会社」ということになります。それ以外は、個人事業主です。

どれほど小規模の事業であっても法人登記をしていれば会社になりますし、逆にどれほど大規模の事業であっても、法人登記していなければ個人事業主ということになります。

たとえば投資用のマンションを1室買えば、それを管理するための会社をつくることもできます。

会社をつくるのは簡単で、資本金も1円以上あれば可能です。

司法書士に頼んだとしても、登記費用を含めて30万円くらいあれば会社をつくることができます。

このように、法人登記をしているかどうかだけで区分されてしまう「個人事業主」と「会社」ですが、両者は社会保険や税金において大きな違いが出てきます。

個人事業主の社会保険では、個人で「国民年金」や「国民健康保険」に加入しなければなりません。しかし、会社の場合は、会社が「健康保険」「厚生年金」に加入するという形になります。

税金で考えた場合、会社にすると法人税、法人住民税などが余計にかかりますが、後述するように様々なメリットがあります。法人税と所得税では、税率や計算方法がかなり違います。大体同じくらい利益が出ていても、会社と個人事業主では税金の額は全然、違ってきます。それでは会社にするか個人事業主にするか、どっちが有利なのでしょうか。ざっくりですが、売上で1000万円、所得で400万円を超えるようであれば会社にした方がメリットの方が多くなります。

国や自治体の「補助金」を活用する

さて、いざ会社を設立する場合、頭を悩ますのが開業資金です。開業資金を準備するとき、自分の貯金だけではなく、国や自治体の補助金を活用できる、ということも覚えておいてほしいと思います。

国や自治体では、中高年の起業や、失業者の新規雇用を助けるために、様々な補助金制度をつくっています。これをうまく利用すれば、けっこうな額のお金が手に入ります。

ここで気をつけなくてはならないのは、国や自治体の支援制度には、「融資」と「補助金」の2通りあるということです。融資というのは、お金を貸してくれるだけです。補助金は、お金をもらえるわけで返す必要はありません。「融資」の場合、要は借金ですから、これはあまり意味がありません。

補助金をもらうには、若干、ハードルが高くなっていますが、補助金の中には、条件に合致しさえすればもらえるものもけっこうありますので、頑張って活用してください。

国や自治体の起業者に対する補助金は、中小企業庁や厚生労働省のサイト、各自治体のサイトなどで随時紹介されています。起業前の準備段階のときに、ぜひこまめにチェックしておいてください。

たとえば、東京都では「創業助成金」として300万円を支援するという制度があります。

これは社会的課題の解決につながる事業、雇用創出が期待できる事業など、操業のモデルケースとなり得る事業について、東京都中小企業振興公社が人件費や事務所家賃などを最長2年間にわたって、100万円から300万円まで支援してくれるものです。

また助成期間が終わっても、継続的にサポートをしてくれることになっています。

この制度は、融資ではなく助成金なので返還の必要はありません。

東京都だけではなく、各自治体で様々な助成制度がありますので、ぜひチェックしておきましょう。

65歳以上の離職者を雇用すれば年70万円もらえる

また国の補助金の主なものに「特定求職者雇用開発助成金」というものがあります。

これは65歳以上の離職者をハローワークの紹介で、1年以上雇用した場合、一人につき年間最大70万円の助成金がもらえるというものです（中小企業の場合）。

月12万円の給料を払うとするならば、おおよそ半額を国の助成金で賄えるわけです。事業者側の負担は、月6万円ちょっとで済むのです。高齢者でもできる仕事内容の場合は、この制度を利用すれば、相当な経費削減となるでしょう。

また、この制度では週30時間未満（20時間以上）の短時間労働でも年間50万円がもらえます。ですから、週20時間程度の短時間労働者を雇用したいとき、この制度を使えばかなりの経費の削減になります。週20時間程度ならば、給料は月8万円程度になります。年間でも96万円です。人件費96万円のうち50万円が国からもらえるのだから、人件費の半分以上が賄えることになります。

たとえば、店を営んでいて日中の店番が必要なときや、飲食店をやっていて、忙しい時間だけ人手が欲しいと思っている場合などは、有効に使えると思われます。

詳細は、お近くのハローワークにお尋ねください。

またこのほかにも、過疎地域など特定地域で起業し、雇用をする際に、助成金をもらえ

図表19　65歳以上の人を雇用すれば70万円もらえる制度

特定求職者雇用開発助成金の主な要件

（1）ハローワーク等の紹介により雇い入れること。

（2）雇用保険の高年齢被保険者として雇い入れ、1年以上雇用することが確実であると認められること。

支給金額

支給対象者	支給額	助成対象期間	支給対象期ごとの支給額
短時間労働者以外の者	70万円（60万円）	1年（1年）	35万円×2期（30万円×2期）
短時間労働者（※）	50万円（40万円）	1年（1年）	25万円×2期（20万円×2期）

（　）内は中小企業以外の支給額、助成期間です。

※　「短時間労働者」とは、1週間の労働時間が、20時間以上30時間未満である場合です。

・支給対象期ごとの支給額は、支給対象期に対象労働者が行った労働に対して支払った賃金額を上限とします。

出典・厚生労働省ホームページより

る制度などもあります。詳しくは、厚生労働省のサイトの「事業主の方のための雇用関係助成金」をご覧ください。

会社をつくれば健康保険も抑えられる

定年退職者が会社をつくるメリットというのは、意外なところにもあります。

会社をつくれば、あなたはその会社の従業員として給料をもらう立場になれます。

当然、サラリーマンとしての社会保険に入らなければなりません。というより、サラリーマンの社会保険を続けることができるわけです。

前述したように、40年以上会社に勤務して退職した場合、もう個人で「国民年金」や「国民年金基金」に加入することはできません。勤務期間が40年未満の人は、加入することができますが、それも「40年」に達するまでです。

しかし、会社の公的年金である「厚生年金」は、いつまででも入っておくことができます。

つまり、会社をつくって、会社が社会保険に加入すれば、いつまでも「厚生年金」に入ておくことができるわけです。厚生年金は、掛け金を掛ければ掛けるだけ、将来もらえる月々の年金が増えます。

また、会社をつくって得をするのは、厚生年金だけではありません。サラリーマンの社会保険制度というのは、非常によくできており、使い方によっては、医療費もとても安くなります。

サラリーマンの社会保険料は、給料の額に比例しますので、給料を安く抑えておけば、社会保険料も安く済みます。

たとえば月給6万2000円の場合、会社の健康保険の掛け金は月額6704円です。

これは、会社負担分と従業員負担分を合算した額です。自分で会社を経営する場合、会社負担分も従業員負担分も自分で負担することになります。ですが、その両方の負担分を合算しても6704円で構いません。そして、夫婦であっても、この金額でOKです。年間8万448円です。

しかし、会社をつくらずに国民健康保険に加入した場合、収入がまったくなかったとしても、保険料は夫婦で年間10万円以上になります（64歳までの夫婦）。しかも、収入があれば、保険料はさらに高くなります。

都道府県によって、国民健康保険の計算方法は違いますので、一概にはいえませんが、大方の場合、会社をつくって最低限度の給料で健康保険に入った方が安くなります。

また月給6万2000円の場合、厚生年金は1万6000円になります。これは、将来、還元されるお金ですから、少々高くてもいいはずです。

総じていいますと、会社をつくって「最低限度の社会保険」に加入すれば、健康保険料が安くなり、公的年金にも入り続けることができるのです。

またサラリーマンになれば、雇用保険（失業保険）に入ることもできます。

雇用保険に入るということは、会社をたたんだときもう一度雇用保険を受け取ることができます。雇用保険は、半年入っていれば、3か月分の保険をもらう資格が生じます。自分で起業すれば、自分のお金で自分に給料を払うことになりますが、半年間それを続ければ、3か月分は雇用保険からもらうことができるのです。

極端な話、起業して半年して事業をやめてしまえば、3か月間の雇用保険がもらえるわけです。ご存じの通り、雇用保険は無税です。もちろん、雇用保険をもらうためだけの偽装の事業などをすれば、詐欺罪などに問われかねません。その辺は、常識的な対応をお願いします。

ここで、気をつけなくてはならないのは、社長になると雇用保険には入れないということです。奥さんをはじめとする親類や友人などと共同で会社を興して、だれかに社長になってもらうのがベストといえるでしょう。

「自分の報酬を最低限に抑える」ことがキモ

繰り返しますが、「会社をつくって社会保険で得をする」ためには、自分の報酬を最低限に抑えるということが重要です。

自分の報酬を高くしてしまえば、当然のごとく比例して、社会保険料も跳ね上がってしまいます。そうすれば、社会保険料を節減するという役割を果たさなくなってしまいます。

この方法は、定年後、再就職しなければ、本来は個人で国民健康保険や国民年金に入らなければならないところを、「会社をつくることで定年後もサラリーマンの社会保険に入る」ことになります。

そして、サラリーマンとしての社会保険上の恩恵を、もっとも安く享受するためには、自分の報酬を最低ラインに抑えておくことはいうまでもありません。

サラリーマンの健康保険は、報酬の11％前後となっています。高い報酬の人も、安い報酬の人も、この割合はほぼ同じです。健康保険料をいくら払ったかにかかわらず、「医療費の本人負担は3割」という恩恵は受けられます。

とはいえ、

「給料が安ければ生活できないじゃないか」

と思う人もいるでしょう。

しかし、会社をつくれば様々な「経費」を会社のお金で支払うことができます。しかも、この「経費」の範囲というのは、実はかなり広いのです。

つまり、給料自体は安くても、諸費用を会社のお金で支払うことができるので、生活レベルを落とさなくても済むというわけです。

個人の支出を会社の経費で落とすためのポイントは、「会社の事業に関係のある支出」であることです。少しでも会社の事業に関係する支出であれば、実際は個人の支出だとしても、あらゆる経費を会社のお金で落とすことができるのです。

キャバクラ代も正当な交際費ならば落とせる

会社の経費で落とせる「諸費用」の例をいくつか挙げましょう。

まずは交際費です。

現在、中小企業では800万円まで交際費が認められています。

この接待交際費というのは、仕事に直接関係のある人との交際費用だけではなく、少しでも仕事に結びつく可能性がある人との交際費用ならば、OKです。ちょっとした知り合いに、仕事の相談をしたり、仕事に関係のある情報をもらったりするだけでも、交際費にできます。居酒屋やキャバクラに行っても問題ありません。交際費というのは、どんな費用が交際費で、どんな費用が交際費にならない、という明確なガイドラインはほとんどありません。それが本当に接待交際かどうか、だけが問われます。その接待が会社にとって、何らかの意義があることが必要です。そのため、もちろん、「一人キャバクラ」では認められません。

あと、誤解が多いようですが、「一次会の費用は認めるけれど、二次会の費用は接待交際費として認められない」というデマが公然と広がっています。実は、これには何にも根拠がありません。一次会であろうと二次会であろうと、ちゃんと接待交際をしていれば立派に接待交際費として落とすことができます。そもそも接待の席で二次会まであるのはまったく不自然ではありません。なのに、二次会からは自腹で、というのもおかしな話です。仮に税務調査が入ったとしても、正当性を主張すれば、調査官は何もいい返せないはずです。

携帯代、パソコン代、書籍代は絶対会社の経費にしよう

次に携帯電話やパソコンなどの通信関係費。

携帯電話やパソコンは現代人にとっては欠かせないアイテムであり、しかも生活費のなかでもけっこうな地位を占める支出です。これらの支出も会社のお金で賄うことができます。

携帯電話やパソコンは、仕事上必要不可欠なものなので、まずは会社名義で契約します。

もし会社の名義にできなければ、個人の名義にしたまま、本人から会社が借りているということにして、会社から使用料を払うこともできます。

もちろん、携帯本体やパソコン本体も、会社の金から出せます。

また、新聞や書籍、雑誌も会社のお金で払うことができます。

書籍は、費用として認められる範囲が広いのです。費用として認められる書籍は、会社の業務に直接関係あるものだけではありません。

どんな本でも、「情報収集」になり得るからです。週刊誌なども、重要な情報源ですから、当然、費用として認められます。

業界や世間の動向をつかむためや、一般知識を得るなどの研鑽《けんさん》のために買った本や雑誌は当然のことながら問題ありません。

夜食代も昼食代も会社の経費で落とせる

また、食事代も場合もよっては会社のお金から出すことができます。

会社の経費となる食事代には、まず夜食代があります。

残業した人の食事代を会社が負担した場合、それは会社の福利厚生費として支出できます。

自分で仕事をしている場合、仕事が夜遅くまでになることもありますよね？

そういう場合、夜、食事をとったならば、その費用を会社の金で落とせるのです。

たとえば月の半分以上残業して、毎回1000円程度の夜食をとっていれば、それだけで月1万5000円、年間18万円にもなります。これを自分の財布から出すか、会社の経費から出すかではかなり大きな差があるといえます。

またこういうことも可能です。

夫婦でつくっている会社があるとします。毎日、夜遅くまで働いている。奥さんが、近所のスーパーで惣菜を買ってきて、夜食をつくる。それを会社から出した夜食として、経理処理するのです。

また夜食に限らず、通常の昼食代でも、「従業員が半分以上払うこと」「月3500円以内」という条件を満たせば、非課税となります。年間にすると、4万2000円になります。小遣い1か月分くらいにはなるはずです。利用しない手はありません。

図表20　食事代を会社の経費で落とす方法

夜食代の場合

全額、会社の経費でOK。

昼食代の場合

月3500円まで。1食あたり半分以上を社員（役員）が負担すること。

会議費の場合

金額の制限はなく、会議として妥当な金額であればOK。おおむね5000円くらいがメド。アルコールも、ビール1〜2本、ワイン1〜2杯程度であればOK。ただし「会議」であること。

ただし、この場合、３５００円を単に現金としてもらえば、課税となってしまうので注意を要します。非課税となるのは、会社を通じて仕出しや出前などを取ってもらった場合のみです。

また夜食の場合、出前などは取らなくても、１回３００円（税抜き）までの食事代の現金での支給は福利厚生費の範囲内となります。

さらに会議費として、食事代を出すこともできます。

会議費というのは、会議を開催するためにかかる費用のことです。食事をしながら会議をするということもあるので、その食事代は会議費として経費計上することもできるのです。しかも、会議費の場合、金額の制限はなく、会議として妥当なものであれば大丈夫です。

また、ある程度のアルコールもOKです。目安としては、ビール1～2本、ワイン1～2杯くらいと考えていただければ間違いありません。

ただし、会議費の場合、本当に「会議」でなければなりません。自分一人しかいないのに「会議」というわけにはいきません。また場所も、居酒屋などではなく、ちゃんとしたレストランやホテルを利用すべきでしょう。また、会議の議事録なども残しておいた方がいいでしょう。

遊興費、旅行費用は福利厚生費で

さらに遊興費も会社の金で支出することができます。

コンサートや観劇、遊園地などのチケット代も会社の福利厚生費として落とせます。

スポーツジムなどの会費も会社の福利厚生費で落とすことができます。多額の入会金（目安としては10万円以上）が必要な高級ジムのような場合は、入会金は資産として計上しなければなりませんが、月々の会費は、福利厚生費として損金処理できます。

福利厚生費で気をつけなくてはならない点は、一部の社員のみが対象になっていてはダメ、ということです。社長一人しかいない会社では、社長一人で行ってもいいのですが、他に社員がいる場合は、皆に同等の福利厚生をしなければなりません。

旅行もうまくやれば会社の金で行くことができます。

これには二つの方法があります。

まず一つ目は、旅行を会社の業務ということにする方法です。会社の業務であれば、当然、旅行代は会社の金で出すことができます。

ビジネスが国際化している昨今、海外に行こうと思えばなんとでもこじつけられます。

「中国に進出したいので、その視察をした」

「東南アジアの市場を開拓したいので調査のために」

などということにすれば、それを覆すことはなかなかできません。

ただし、会社の業務なので、一応会社の業務という体裁は整えなくてはなりません。会社の業務に関係する視察も行わなければなりませんし、出張中の記録も残しておかなければばなりません。

それともう一つの方法は社員旅行として、旅行に行くのです。

社員旅行というのは、一定の条件さえクリアしていれば、全額を会社の経費で落とすことができます。条件というのは、4泊5日以内であり、社員の50％以上が参加するというものです。海外でもOKです。

家族だけでやっている会社などは、福利厚生の一環として家族旅行をすることもできるのです。

これまで述べてきたように、会社を設立すれば事業に少しでも関係するものが経費として落とせます。自分の給料を少なくしてもらって、代わりに様々な「経費」を使い倒して、優雅な生活を送ることができるのです。

第4章

リタイア後の住居で最後が決まる

持ち家の人は老後に得をする

リタイア後の住居に関しては、借家なのか、持ち家かで大きな差が生じます。すでに家を持っている人、もともと親などの家に住んでいる方は、心配ないでしょう。しかし、賃貸住宅に住んでいる人、会社の借り上げ住宅や社宅、公務員住宅に住んでいる方にとっては、かなり重大な問題になってくるといえます。

おそらくではありますが、定年間近になっても、借家に住んでいる方というのは、「持ち家よりも、借家の方が生涯の住宅費は安い」と思っておられるはずです。

昔から、経済誌や週刊誌などで、「持ち家が得か、借家が得か」ということが論じられてきました。

そして、そういう記事では「すべての経費を考慮すれば、借家の方が割安になる」という結論になることが多いようです。確かに賃貸と持ち家では、支出の面ではそれほど大きな差はないので、土地の値下がりや災害などのリスクを考えた場合、「家を買った方が得」とはいえないかもしれません。

しかし、この「持ち家・借家論争」には、次にあげるように、大きなポイントが二つ抜けています。

・精神的な安定感
・資産価値

持ち家の場合は、購入代金を払ってしまえば、住居費は非常に少なくなります。一戸建てなら光熱費と固定資産税くらいしかかからないし、マンションではそれに加えて管理費や修繕積立金等がかかる程度です。家賃に比べれば、断然安いのです。ある程度の規模の一般的なマンションならば、管理費と修繕積立金は月に2〜3万円で済むところが多いようです。

これは、老後生活の精神衛生上、非常に大きいはずです。

持ち家の最大のメリットは、「お金がなくなっても、いつまでも住める」「何歳まで生きても住むところには困らない」からです。

人はいつまで生きるかわかりません。

借家の場合は、死ぬまで家賃を払い続けなくてはなりません。しかし、持ち家の場合は、ローンを払ってしまえば、もう支払いはありません。

平均寿命に達すれば皆きちんと死ぬのであれば、平均寿命までの住宅費を計算しておけばいいのですが、そうはいきません。

借家に住んでいると、死ぬまで家賃の心配をしなくてはなりませんし、貯金が少なくなると、家賃は大きな負担になっていきます。それは、経済的な負担とともに、精神的な負担も大きくなっていくはずです。

その「精神的な安定感」という条件が、「持ち家・貸家論争」からはまったく抜け落ちています。第1章でも述べたように、公的年金だけの場合、平均受給額というのは夫婦二人で22万円程度です。もし、都心に住み続けるつもりならば、2DKクラスは必要でしょう。もちろん、場所にもよりますが、平均して10万円以下の物件を探す方が難しいかもしれません。この他に税金や社会保険料、光熱費や通信費、高齢に伴い医療費や介護費もかかってきます。これに食費なども加わるので、ほとんど趣味など楽しめません。生きていくだけで精一杯で精神的余裕などないはずです。

夫婦二人の場合はまだいいでしょう。ですが、配偶者に他界されてしまったらどうなるでしょう。第1章で紹介したように、男性のもらう厚生年金の平均は月に約16万円、女性は10万円を超す程度でした（ここでは遺族年金は考慮しません）。仮にワンルームに引っ越したとしても都心ならば、6万円程度は軽く超えますが、それ以上に高齢の単身者に大家は家を貸したがりません。

その理由の一つに連帯保証人がなかなか見つからないということが挙げられます。自殺や殺人事件の起こった部屋は「事故物件」と呼ばれ、資産価値は大きく毀損されます。高齢者の一人暮らしの場合、そんな「事故」は起こらないにしても、自然死、孤独死の可能性は否めません。自然死、孤独死は「事故物件」には該当しませんが、大家さんとしてはできるだけリスクは下げたい。そのために単身高齢者がアパートを見つけるというのは、困難を伴うのです。

そして、もう一つ「家の資産価値」も重要なポイントです。

持ち家であれば、いざというときに売ってお金をつくることができます。また売らずとも、53ページで紹介した「リバースモーゲージ」など自分の家を担保にしてお金を借りることもできます。

老人ホームや施設に入るときに、家を売ったり、担保にしたりして、入居費用をつくるということもできます。

しかし、賃貸の人にはそんなことはできません。

これらの諸条件全体を考慮すると、老後は持ち家の方が有利だといえるのではないでしょうか。

老後を控えて家を買うということに、ためらう人も多いかもしれません。

もう長いローンは組めません。

現在、築20年超の中古マンションなどは首都圏でも1000万円台で買えるところも増えています。老後は、そんなに広い家は必要ないでしょうから、そんなにお金をかけなくても、ますますの場所に住める状況になっています。

都心から離れたところに行けば、300万~400万円出せば、夫婦で住むには十分の広さのマンションを買うこともできます。

定年後の移住先は国民健康保険料や助成金も考慮せよ

定年後に引っ越しを考えている人は、けっこういるはずです。

もっと安い家賃のところへ引っ越そうとか、持ち家の人の場合は、子どもも独立したのでもう少し狭い家に買い替えようなどと検討している人も多いでしょう。

この定年後の住み家を考える際、どうしても部屋の広さや新しさ、利便性などばかりに目が行きがちです。

ここで、忘れてはならない重要なポイントがあります。

それは自治体です。

老後になると、実は自治体の行政サービスが、非常に重要になってきます。

サラリーマンをしているときは、どこに住んでいても大体同じ程度の税金、社会保険料を払っていますし、特別な住民サービスを受ける機会もあまりないので、自治体のことはあまり気にしません。「便利で住みやすい場所であればそれでいい」と思っていたはずです。

老後は、自治体の良し悪しで生活がまったく違ってきます。

たとえば、まず第一に「国民健康保険」があります。

サラリーマンの方は会社にいるときは、会社が「健康保険」に入っていたはずですが、会社を辞めて（2年間限定の任意継続除く）、ほかの会社に就職しない限りは、「国民健康保険」に入らなくてはなりません。2018年4月より、運営はそれまでの市区町村から都道府県に移管されました。

この国民健康保険の保険料は、都道府県によってまったく違ってきます（厳密には市区町村によっても違います）。サラリーマンの社会保険料がどこでも大体同じなので、国民健康保険もどこも同じだろうと思っていたら痛い目を見ます。

もっとも、自治体によっては移住者を積極的に誘致しているところも多数あります。たとえば、群馬県桐生市などは住宅を建築または購入した場合、5年以上住むことを条件に最大200万円の補助金を出しています。また、空き家を利用してリフォームすれば、最大70万円の助成金ももらえます。この桐生市では、数百坪クラスの広い庭付きの一戸建てでも家賃が10万円程度、200㎡以上の別荘風一戸建てでも家賃5万円と破格です。

まだあります。

移住して起業したいと考えている人の場合、栃木県宇都宮市などは最適です。起業すれば最大で216万円の補助金がもらえるのです。また、最近話題となっている「空き家問題」を解決すべく、愛媛県大洲市では空き家バンクに登録された物件を購入してリフォームした場合は最大400万円が、三重県伊勢市では最大200万円がもらえます。退職金を利用して、終《つい》の棲家《すみか》を手に入れるチャンスとも考えられます。田舎暮らしについては、様々な問題があるのも事実ですが、それは後述します。

自治体によって、老人が受けられる行政サービスもまったく違います。市内のバスの無料券をもらえたり、医療機関が非常に安く利用できるなど、行政サービスが充実しているところもあります。

また、老後なるべくお金をかけないでレジャーを楽しむためには、図書館や公営のスポーツ施設などを上手に利用することが得策ですが、これらも自治体によって充実度がまったく違います。引退者向けの趣味の講座やサークルなどを広くやっている自治体もあります。

老後の生活を充実させるポイントの一つが自治体だといえるのです。

老後に住み替えを検討している人は、必ず検討材料の中に自治体の行政サービスも入れておくべきです。

「定年後は田舎暮らし」の落とし穴

「定年退職後は、農業をやってみたい」

そういう夢をお持ちの方も多いでしょう。

農業を始める場合でも、プチ起業と同じく、定年退職者はとても有利な立場にいます。

というのも、農業というのは、それだけで食べていこうと思えば大変です。大規模にならざるを得ませんし、投資も多くかかります。収入は、市況や天候に左右されますし、生半可な気持ちや能力でできるものではありません。そのため若い人が農業に参入するというのは、なかなか難しいものがあります。

でも、定年退職者のように、ある程度の生活の保障がある人たちにとって、農業というのはとても気楽な商売になるのです。

基本的に自分で食べるものをつくることを主眼にして、余った分を売るくらいの感覚でいいのです。そういうスタンスを取っていれば、農業はとても楽に運営できます。

最近では、定年退職者を受け入れる農村なども増えています。

家と農地を貸してくれる自治体も数多くあります。

また就農のための学校や講座も、安い受講料で各地で開かれています。そういうものを利用すれば、誰でも簡単に農業を始められます。週末だけ別荘感覚で農村に行き、農業をしている人もたくさんいます。

ただし、ここでも気をつけておきたいのは、起業の場合と同じように、あまり大きな規模で本格的にするようなことは考えない方がいい、ということです。

農村に移住して、農地を購入したり、広い農地を借りたりなど本格的に農業を始めるには、相当な覚悟がいります。

また、あまり知られていませんが、農業というのは、新規参入するのが非常に難しい分野です。

というのも、現在の法律では、農地を借りたり購入できるのは、農家でなければならないからです。そして、農家として認定されるには、農業をしている実績がないといけませせん。

どういうことかというと、事実上、生家が農家でないと農地を借りたり、購入したりはできないのです。新規就農も認められないことはないのですが、非常に煩わしい手続きを踏み、相当な準備をしなくてはなりません。農業という分野は、農家を辞めさせないため様々な優遇措置が講じられている一方で、新規参入がなかなかできにくいようにもなっています。

また農業というのは、趣味半分、仕事半分でやる分には楽しいものですが、本格的な仕事となった場合、かなりキツイものがあります。真夏には、雑草がもっとも繁殖します。草取りというもっともシンドイ作業を、一番暑い時期にしなければなりません。

都会でのサラリーマン生活に慣れている人にとっては、そう簡単になじめるものではありません。

農村の人たちも、「都会のサラリーマンが農業を教わりに来ている」という感覚を持っている間はとても親切ですが、本格的に農村の住民となり、農業に参入してくるとなれば、かなりややこしい付き合いになりかねません。

そのため、定年退職者の農業も、あくまでプチ農業であることをお勧めします。また金銭的な期待もしない方がいいです。作物を売って年金の足しにすることはおろか、自給自足をしたり、食事の大半を賄うこともかなり大変です。せいぜい、たまに食卓に彩りを添えられればいいくらいの気持ちでやるべきです。

そして、いつでも都会に戻れる状態にしておいて、楽しみとして農業をする方がいいでしょう。

定年後に農業をしたいと思っているような人の場合、「第二の人生は田舎でのんびり暮らしたい」と感じている人も多いと思われます。長年、都会のコンクリート・ジャングルで、厳しい生存競争を強いられてきた人は、地方の自然やのんびりした雰囲気に憧れるケースも多々あるようです。

しかし、この「定年後の田舎暮らし」には大きな落とし穴があります。

というのも、「田舎暮らし」はそれほどのんびりしたものではない、からです。

都会の人間関係というのは、一面、「冷酷」ですが、違ういい方をすれば「さっぱり」していいます。他人が何をしようと、隣の人がどういう人だろうと、自分に迷惑がかからない限り干渉してきません。

しかし、田舎ではそうはいきません。筆者も田舎出身なので、人間関係の煩わしさに閉口した経験を持っています。

田舎は、一面では「人が親切」ですが、別の角度から見ると、非常に面倒な人間関係があります。

「お客さん」は歓迎するけれど、「新参者」は歓迎しないという傾向もあります。つまり、一時的な訪問客に対しては非常に親切にしてくれますが、新しく居住する人に対しては、すべてとはいいませんが、非常に警戒感が強い傾向にあるのです。なかなかコミュニティの中に入れてくれないという話もけっこう聞きます。

そして、人付き合いに関して様々な「暗黙のルール」が存在し、それを破ればたちまち「仲間外れ」にされてしまうことも多々あります。

「都会の人間関係に疲れた」という人も多いですが、むしろ「田舎の人間関係の方が疲れる」ことが多いのです。

このような現実もあるため、安易に田舎暮らしを美化しすぎてはなりません。

地方の自治体は大々的に宣伝して「Iターン」を受け入れたり、Iターン者のための支援をしたりしています。

たとえば、岐阜県では県を挙げて、Iターン者の受け入れをしています。専任の職員が移住のサポートをするほか、移住コンシェルジュと命名されたNPOなどのサポートが受けられます。

また、毎年東京で、「ふるさと回帰フェア」という催しが行われています。これは、自治体がUターンやIターン、就農などの相談に乗ったり、ふるさとの産業などを紹介するというものです。2017年には全国から350の自治体が参加しました。

しかし、Iターンは簡単には決めず、何度か訪問するなどして、その地域の雰囲気を確認した方がいいと思います。

そして、なるべく「極端な田舎」は避けるべきです。人里離れたスーパーもコンビニもないような土地では、都会人はよほどの覚悟がなければ慣れることは困難です。

ある程度、都市化されているけれど、自然も農地も残っているというような土地を選ぶのが無難だと思われます。

そして、いざというときには、都会に戻る道も残しておいた方がいいでしょう。具体的にいえば、都会の家（マンション）は残しておいて、1～2年、田舎の空き家を借りてみる、そして田舎暮らしに適応できたら本格的な移住をする、というステップにするのです。

「都会の家は賃貸に出して」年金の足しにする

前項では、田舎暮らしをする際には、都会の持ち家は残しておいた方がいいと述べました。しかし、田舎暮らしが性に合い、長くなりそうであれば、その都会の家は「賃貸に出す」という方法もあります。

持ち家を賃貸にすれば、家賃収入を得ることもできます。

マンションの賃貸収入は、不動産屋に手数料などを払えば、大して残らない場合もあるでしょう。でも、まったくお金が入ってこないよりは、ずいぶんマシです。

また、不動産賃貸業では、たいがいの場合、多少の収入が出たくらいでは、税金はかかりません。

なぜなら不動産賃貸業では、減価償却という経費が計上できるからです。

減価償却というものは、一般の方はなじみがないと思われるので、簡単に説明します。減価償却は、長期間使用できる高額なもの（10万円以上）を事業のために購入した場合、その耐用年数に応じて、購入費を各年に案分して費用化するという制度です。

たとえば、耐用年数10年で、１００万円のものを買った場合、最初の1年間に全部費用として計上するのではなく、毎年10万円ずつ10年間にわたって費用化していきます。実際にはもう少し複雑な計算があるのですが、基本的な考えはこういうことです。

不動産事業を行うために、マンションやアパートを購入した場合、それも当然、減価償却をすることになります。

これまで自分が居住用で使っていた家（マンション）でも、賃貸にした場合は、「賃貸のために購入した物件」と同じように、減価償却費なども計上できます。

その耐用年数に応じて、減価償却率が定められているので、それによって減価償却費が計上できます（細かい計算は税務署等で相談してください）。

また田舎暮らしをしつつ、都会の家を賃貸にしている場合、たまに都会に帰ったときなど、その旅費を不動産事業の経費に計上することもできます。

つまり、不動産事業の経費は、ちゃんと計上できるのです。

たいがい、自分の家を他人に貸すような場合は、帳簿上は赤字になります（よほど古い家ではない限り）。もし赤字にならなかった場合でも、それはかなり収益が上がっているということを意味するので、いずれにしてもいいことなのです。

ちなみに筆者の知人は都心の人気地域にあるヴィンテージマンションに住んでいます。査定してもらったところ、月額25万円の値がつきました。完全リタイア後は田舎にある実家に戻り、マンションは貸すつもりでいます。公的年金＋企業年金＋マンションの賃貸料や投資部分を合わせると月額で70万円を超えるそうです。

タイでは20万円あればリッチな生活が可能

「リタイアしたら海外で過ごす」

と考えている人も多いでしょう。

最近は、日本人の定年退職者が、海外に移住するというケースも非常に増えています。

また移住とまではいかずとも、退職した後1年くらいはのんびり海外旅行をして過ごしたい、と思っている人も多いでしょう。

「一生に1度くらいは海外で生活をしてみたい」

という夢を持っている人は、けっこういるでしょうし、海外での生活というのは、実際にたくさんの魅力を持っています。

経済上の魅力もあります。

日本は世界でもっとも物価が高い国の一つです。世界の物価ランキングでは、常に上位を占めてきました。戦乱や革命で国内が極度に物資不足に陥っている国と肩を並べるほど、物価が高い国です。日本はデフレといわれておりますが、そもそもの物価が高いのです。

そのため、日本人は日本以外の国に住めば、どこに行っても物価が安いと感じます。つまり同じお金でも豊かな生活ができるというわけです。

特に東南アジアなどは、日本から比べれば驚くほど物価が安いものです。

たとえばタイ。

筆者はタイによく行くのですが、ほんとうに物価が安いです。

食事でも、屋台などで現地の人と同じものを食べるのなら、1食50円くらいで済んでしまいます。屋台で食べるのに抵抗がある人もいるでしょうが、レストランで食べても、500円も出せばかなり豪華なものが食べられます。日本食のスーパーもあり、日本食のレストランも山ほどあります。しかも、日本よりも安い場合がほとんどです。

住む場所も、月5万円も出せば普通に清潔なサービス付きアパートを借りることができます。一泊3000円出せば、高給ホテルに泊まることもできます。バイキングの朝食がつきますし、夫婦で泊まっても同じ値段です。感覚としては月10万円で日本の30万円レベルの生活ができると考えて差し支えないでしょう。

つまり、公的年金だけでも月20万円もあれば、夫婦で相当に豊かな生活をすることができるというわけです。ちょっとゆとりがある方だったら、月30万円もあれば、大豪邸でメイドさんを雇うような生活も可能です。

退職後は、限られたお金の中でやりくりしていかなければならないものですが、物価の安い国に行けば、持っているお金が2~3倍になるようなものです。

また東南アジアのほとんどの国では、政情不安定国を除けば先進国とあまり変わりのない生活をしています。タイなども、街中のあちこちにごく普通にセブン－イレブンがありますし、きれいな病院や巨大商業施設もいたるところにあります。

つまり、日本にいるときと変わらないような文化的な生活が、格安で送れるのです。

しかも、東南アジア諸国では、定年退職者を受け入れるために、特別のビザを用意している国も多くあります。一定の年金収入があったり、一定の財産がある人を積極的に受け入れています。先のタイの例でいえば、50歳以上、80万バーツ（約280万円）以上の現金預金か、6万5000バーツ（約22万円）の年金受給を条件にリタイアメントビザ（年金受給者などを対象にした長期滞在査証）を取得できます。

さらに、マレーシア。

マレーシアでは、「MM2H」という定年退職者向けの特別なビザを発行しています。これは、一定の財産、収入がある人がもらえる長期ビザのことです。50歳以上の人では、最低35万リンギット（約980万円）以上の預貯金（財産証明）と、月額1万リンギット（約28万円）の収入証明または年金証明があれば、条件クリアとなります。仮承認された後、そのうちの15万リンギット（約420万円）をマレーシアの金融機関に定期預金しなければなりません（これは2年後以降に一部条件つきで引き出せます）。

首都クアラルンプールや保養地として有名なペナンは、日本語の通じる医療機関もあります。このような利便性の高さから、マレーシアでは現在2万人以上の日本人が定住しています。

フィリピン、インドネシアなどでもリタイア向けの長期ビザ制度があります。

定年退職者の日本人を誘致するために、日本人居住地域をつくったりもしています。たとえばタイの避暑地であるチェンマイなどには、日本人の定年退職者向けの移住地域があります。

日本の退職者は、金銭面では安定収入があるので、どこの国も誘致をしたがっているというわけです。

日本では、公的年金だけで夫婦二人で月20万円程度というと、かなり心細いですが、東南アジアでは大金持ちの部類に入ります。現地としても、そういう大金持ちが来てくれることは、大歓迎なのです。海外移住というのは、うまくいけば老後の生活を非常に豊かにする可能性も秘めているものなのです。

日本以上に治安のいい国はない

しかしながら、海外で暮らすとなれば、言葉の問題、家族の問題などいろいろな問題が生じます。

「何度も訪れて気に入った国」といえども、いざ暮らしてみると、かなり勝手が違って来たりするものです。

まず一番大きいのは言葉の問題です。

英語を話せる人はけっこういるかもしれませんが、英語圏以外の国で英語が通じるのはホテルやターミナル駅など一部の施設だけです。タクシーで英語が通じないことなどは多々あります。

かといって、現地の言葉を、定年後から覚えるというのは、なかなか難しいものがあります（もし覚えられれば、それは素晴らしいことですが）。

となると、せっかく海外に来たのに、現地の人とほとんどコミュニケーションが取れないということにもなりかねません。

さらに、老後の海外生活は健康が大きな問題になるはずです。

東南アジア諸国では、日本語の話せる医師が多い国もあります。タイ、シンガポールなどでは、日本語の堪能な医師がたくさんいますし、他の国でも都心部にはたいてい日本語OKの病院があります。

しかし、やはり、日本国内の医療機関に比べると、心もとなく感じるのも事実です。

また現地の人々に慣れるかどうかというのも、大きなポイントになります。旅行で訪れたときには、非常に親切に見えた現地の人々も、いざ生活してみて、深く付き合うようになると、習慣や考え方に大きな違いがあったり、閉鎖的な面があったりするものです。

たとえば、日本人は時間にきっちりしており、それが普通だと思っていますが、世界の人々はそうではありません。「約束の時間にきちんと来ない」などというのは当たり前、くらいに考えておかないとイライラします。

お店などでも、予約していた品物が約束の時間に届いていなかったり、飲食店で予約を忘れられたりということも、よくあります。

海外の人は、「日本人は金持ちだ」と思っていることが多く、親しくなってくれば、たかるようになったり、挙句の果ては騙《だま》したりすることもありえます。

また自由を求めて海外生活をした人でも、長い時間が経つとどうしても日本人が恋しくなるものです。

東南アジアのほとんどの国では、現地に日本人社会があり、日本人コミュニティがあります。ところが、ここのコミュニティは、人数が少ない分、「狭い社会」になってしまいがちです。一部の人が、異常に幅を利かせていたり、下手をすると、ボス的存在の人がいて、その人の顔色を窺《うかが》っていないと、日本人社会になじんでいけないような状況になっていたりします。そうなると、日本で生活する以上に不自由なことになってしまいます。

そして、ここが重要なのですが、海外というのは日本ほど治安がいいわけではありません。

日本という国は、世界中でもっとも治安がいい国です。子どもが一人で登校したり、夜間、女性が一人で歩いたりできる国というのは、世界を見渡しても例が見当たりません。子どもが誘拐されたり、女性が乱暴されたりする犯罪は、海外では決して珍しくはなく、住民自身が日常的に気をつけなくてはなりません。

しかも、海外の地域の人々にとって、日本人は金持ちです。そのため、日本人は犯罪者に狙われやすい傾向があります。

実際、海外で事件に巻き込まれる日本人も時々います。

２０１７年９月にも、バリ島に住んでいた70代の夫婦が、現地の人に殺害されるという事件が起きました。

明確な統計はありませんが、日本人が事件に遭う割合は、国内よりも海外の方が何百倍も高いはずです。

筆者も海外で強盗に襲われそうになったことが２度あります。筆者の人生のうち、海外で過ごした時間というのは１％もありません。99％以上の時間を過ごした日本では１度もそういう目に遭ったことがありませんが、１％未満の時間の中で２度も強盗に襲われそうになった経験を持っているのです。

つまり、海外生活は、非常に魅力のあるものですが、危険な部分もかなり多いことを考慮しておかなくてはなりません。そのことを考えずに、安い金額で日本より豪勢な生活ができるという安易な考えで海を渡ると、とんだトラブルに巻き込まれる可能性が高くなるということを肝に銘じてください。

まずは短期間暮らしてみて、慣れれば、長期に切り替えるという段取りにしておいた方が無難でしょう。そして、その際には、現地の会話教室などに行って、言葉を少しでも覚えるのもいいでしょう。ほんのちょっとでも言葉がわかるのと、まったくわからないのとでは、生活していく上でまったく違ってきます。また、現地語を知ることで、その土地の人と知り合いになったり、世界を広げることにつながります。

そうして、その国の言葉をある程度覚えられ、知り合いもできそうであれば、移住を決断すればいいのではないでしょうか。

一方、海外で暮らしてみても、海外の日本人社会の中ばかりでしかいられず、あまり現地の生活になじめない場合は、きっぱり諦めた方がいいかもしれません。

退職1年目に海外生活を始めると翌年の住民税がかからない

退職後、海外に移住しようと思っている人たちには、覚えておいてほしいことがあります。

それは、退職1年目に、海外生活をすると税金が非常に安くなるということです。長期の海外旅行や海外移住をして、住民票を国内から国外に移す場合は、住民税を払わなくていいことになっています。

住民税というのは、日本に住んでいる人にかかってくる税金です。だから、海外に住んでいれば、払わなくていいのです。

住民税は、通常、前年の所得にかかってくるものです。

退職金の税金は、退職金をもらうときに完結していますが、通常の給料に対する住民税は、退職後にもかかってきます。

つまり、退職して無職になった場合、その翌年は収入がないのに高い住民税を払わなければなりません。

3月末くらいで定年になった人ならば、それほど年収は高くなっていないので、翌年の住民税は大したことはありませんが、12月末で退職した人などは、一年分まるまる給料をもらっていますので、必要経費等を差し引いても年収としてはかなり大きな額になっています。住民税は、前年の所得の10%です。退職翌年が無職で無収入になっている場合、この住民税はかなり負担が大きいはずです。

しかし、住民税というのは、1月1日に住民票がある自治体からかかってくるものなので、その日に海外に住民票を移していればかかってきません。そして1年間のおおむね半分以上海外にいれば、これは脱税でもなんでもありません。

退職後に、長期の海外旅行を考えている人は、ぜひ退職翌年の1月1日以前に住民票を国外に移すことを考慮しておきたいものです。ちなみに元国会議員で、現在も経済財政諮問会議の民間議員を務めるとある会社会長も大学教授時代、この手法を繰り返して約4年にわたり、住民税を日本に納めておらず、国会で批判されたこともありましたが、罪には問われませんでした。

また退職金からは、住民税が自動的に源泉徴収されてしまいますが、これをさせない方法もあります。それも退職金をもらう年の1月1日以前に海外に住民票を移すことです。繰り返しますが、退職金をもらった年の1月1日に、住民票が国内になければ、住民税はかかってきません。

これもその年の半分以上を海外で過ごしていれば脱税ではありません。

有給休暇がたまっていて退職をする前に、長期休暇をもらえるような人も多いでしょう。長期休暇を使って海外旅行に行きたいと思っている人もいるでしょう。そういう人は、ぜひ1月1日以前に住民票を海外に移すことを検討されたいものです。

第5章 賢い年金のもらい方と相続対策

繰り下げ受給で年金が78万円から110万円にまで増える

公的年金は老後の収入源として非常に大切です。高齢者世帯の5割以上は公的年金のみで生活し、また高齢者世帯の収入に占める公的年金の比率は、約7割ほどにまでなっています。

この公的年金は、もらい方によって毎月もらえる金額やトータルでもらえる金額が違ってきます。公的年金のもらい方次第で、あなたの第二の人生を左右するといっても過言ではありません。

公的年金の支給は基本的に65歳以上（男性の場合、1961年4月2日生まれ以降）からですが、繰り下げ受給や繰り上げ受給という制度があります。

繰り下げ受給というのは、年金の支給開始時期を遅らせる代わりに、毎月の年金の額を上乗せするというものです。

基礎年金の加算額は以下の通りです。

1か月繰り下げると、0・7％ずつ年金額が加算され、満期の70歳での支給にすれば、

図表21　年金はなるべく65歳以上でもらおう

請求時の年齢	増額率
66歳0か月～66歳11か月	8.4%～16.1%
67歳0か月～67歳11か月	16.8%～24.5%
68歳0か月～68歳11か月	25.2%～32.9%
69歳0か月～69歳11か月	33.6%～41.3%
70歳0か月～	42.0%

出典：日本年金機構ホームページより

なんと42％も増額されるのです。現在の基礎年金の支給額が、満額で77万９３００円（２０１８年度。毎年変わります）なので、これに１・42をかけると１１０万６６０６円と、なんと32万円以上の加算がされるわけです。にもかかわらず、このお得な繰り下げ受給を利用している人は、年金受給者のうち２％しかいないとのことです。

厚生年金も基本的には、同じ加算率ですが、諸条件によって繰り下げ受給ができない場合もあるので、詳細は社会保険事務所等で確認してください。

その逆に繰り上げ受給というのは、本来は65歳以上にならないともらえない年金の支給時期を早める代わりに毎月の年金の額を減らす、というものです。65歳より早く支給を受ける「繰り上げ受給」にしてしまえば、1か月につき0・5％減額され、最大60歳と同時にもらい始めたら30％もの減額支給になります。しかも、繰り上げ受給を申請したら、途中で変更はできません。どんなに長生きしても、30％減の年金しか受給できないことになっています。

つまり、60歳で支給を開始した場合と、70歳で支給を開始した場合とでは、本来もらえる額に対して70％以上も違ってくるのです。倍以上の違いです。しかも、これが一生続くのです。

なお、70歳まで繰り下げ受給した場合の損益分岐年齢はおおよそ82歳。一方、60歳から繰り上げ受給した場合の損益分岐年齢はおおよそ77歳となっています。70歳まで繰り下げ受給をした場合、82歳以上長生きすれば得をするということになりますし、これより短命の場合は損をする計算となります。ちなみに60歳まで生きた人の平均余命は2016年の簡易生命表によれば男性が23・67年＝83・67歳、女性は28・91年＝88・91歳。人間の寿命は、人それぞれですから、どちらが得かと一概に結論づけることはできませんが、前述したように、今後20年の間に医学の進歩などにより人生100歳時代が到来するとされています。そう考えれば、現役時代を長く延ばして70歳まで働き、繰り下げ受給を目指すというのが手堅いプランといえるかもしれません。第1章でも述べたように、年金は少しずつ目減りすることが決定的なので、できるだけ年金は増やしてもらうのが正解ともいえるでしょう。

政府は年金受給に関して、70歳以降の繰り下げ受給も検討に入れ始めました。本稿執筆時点で70歳超での繰り下げ受給の開始を選択した場合、毎月の上乗せ率を現在の0・7%からさらに上乗せするという考えもあるといいますが、具体的にはまだ何も決まっていません。そのため、ここでは現行の0・7%で75歳まで繰り下げ受給したケースを想定してみたいと思います。その場合、75歳まで繰り下げると84%も年金が増えるということになります。77万9300円が84%増えるということは143万3912円にもなるのです。長生きした場合、とても得になるわけです。この場合の損益分岐年齢はおよそ87歳となります。これが1階部分ですから、2階部分の厚生年金も84%増となると、仮に厚生年金が月額15万円だとすれば27万6000円にもなるのです。年間にして331万2000円と、10年遅らせたら、とんでもなく高年金となるお得な制度なのです。

もちろん、年金財政を考えると、現在の65歳支給が67〜68歳になる可能性は高いです。しかし、現在移行中の65歳支給が法律で決まったのは1991年です。27年も前のことです。激変を回避するために長い時間をかけて移行してきたので、仮に受給年齢が上がったとしても、現在50代の方はあまり心配しなくてもいいかもしれません。

繰り返しになりますが、筆者の場合、公的年金の最大のメリットは、「死ぬまで一定額をもらえること」とそれによる「安心感」だと捉えております。「老後生活の安心感」を第一に考えるならば、「死ぬまでもらえる一定額」をなるべく増やすことが得策のように思います。

当面のお金に不自由しない人であれば、年金はなるべく遅くもらうことをお勧めします。

年金は遅くもらうほど節税になる

「繰り上げ受給」と「繰り下げ受給」はどっちが得かを考える際に、もう一つ考慮しておいて頂きたい条件があります。

それは税金です。

いろいろな雑誌やマニュアル本などでも「繰り上げ受給」と「繰り下げ受給」ではどっちが得になるのか、ということがよく特集されていますが、なぜか、「税金面」から見た視点がスッポリと抜け落ちています。

公的年金の支給額が解説されるとき、支給の総額については詳しく語られるのですが、税金を差し引いた「実質額」についてはあまり語られることがありません。

しかし、税金によって年金の額が大きく減ってくるケースもままあります。

年金自体はたくさんもらえても、税金がかかってしまって、その分が減ってしまう。トータルで見ると損をしていた、というようなこともあり得ます。

本項では、税金を含めた「実質額」について、ご説明したいと思います。

年金に関する税金で、まずポイントになるのは、65歳未満と65歳以上では税金の額が大きく変わってくる点です。

簡単にいえば、65歳未満で繰り上げ支給を受けた場合、税金がたくさんかかってしまいます。

66ページの図表11のように65歳未満の人は、厚生年金を含め、公的年金を70万円以上もらうと、税金がかかるようになります。

基礎控除や社会保険料控除がありますので、実際には大体130万〜150万円くらい年金をもらっている人には税金がかかってくるようになります。

でも65歳以上であれば、公的年金は120万円以上にならないとかかってきません。基礎控除や社会保険料控除を考慮すれば、180万〜200万円くらい公的年金をもらっている場合でないと、税金はかかってきません。

さらに年金収入者にとっては、住民税というハードルがあります。

住民税は一律10％にされているため、税金がかかるかかからないかくらいの年金をもらっている人がもっとも損をするような仕組みになっています。

住民税は、所得税とほぼ連動していますので、所得税がかからないくらいの年金をもらっていれば、住民税もかかってきません。

たとえば、60歳で、公的年金を180万円もらっている一人暮らしの人がいるとします。社会保険料を20万円払っているとして、税金は住民税と合わせて10万円近くも取られてしまいます。

しかし、この人が65歳で、まったく同じ額の年金をもらっていた場合、税金はほとんどかかってこないのです。

その差は10万円です。１８０万円の収入のうち10万円も税金が違うというのは、けっこう大きいものです。繰り返しになりますが、ただでさえ、繰り上げ受給をすると１か月あたり０・５％が引かれて手取り額は少なくなってしまいます。

これらのことも考え合わすと、なるべくなら繰り上げ支給は受けない方がいいという結論に達します。

また、もし繰り上げ受給をする場合は、支給を受ける年金は１８０万円以内くらいに抑えておいた方がいいです（社会保険料が20万円くらいの場合）。社会保険料の支払い額が多い場合は、この１８０万円という上限額も上がることになります。

繰り上げ受給には、もらえる年金を全部繰り上げる方法と、一部だけを繰り上げる方法が選択できるようになっています。だからこそ、もらえる額をうまく調整して、税金がかからないようにしたいものです。

繰り上げ受給には、この他にも注意したいことがあります。一般財団法人年金住宅福祉協会によれば、次のようなデメリットがあります。

・振替加算（注・夫または妻が受けている老齢厚生年金や障害厚生年金に加算されている加給年金額の対象者になっている妻〈夫〉が65歳になると、それまで夫〈妻〉に支給されていた加給年金額が打ち切られます。このとき妻〈夫〉が老齢基礎年金を受けられる場合には、一定の基準により妻〈夫〉自身の老齢基礎年金の額に加算される。これを振替加算といいます）額は繰り上げることができなくなります（65歳からの受給）。

・寡婦年金（寡婦年金は、妻が60歳から65歳までの間支給されます。年金額は夫が受け取れたであろう老齢基礎年金の4分の3の年金額。第1号被保険者の分だけが対象）の受給権者が老齢基礎年金の繰上げ請求をすると、寡婦年金はもらえなくなります。

・繰り上げ受給をして65歳より前に遺族年金の受給権が発生した人は、老齢基礎年金と遺族年金のいずれかを選択することになります。繰り上げ受給の老齢基礎年金を選択した場合、65歳以降も老齢基礎年金額は減額されたままで変わりません。

・繰り上げ受給後に初診日がある傷病が原因で障害を持ってしまった場合、障害基礎年金はもらえません。
・繰り上げ請求後は障害者の特例措置や長期加入の特例措置を受けることができません。
・繰り上げ請求後は国民年金に任意加入することができません。また、保険料の追納もできません。

遺族年金には税金はかからない

公的年金というのは、前述したように一定の額を超えれば、税金がかかってきます。でも、どれだけもらっていてもまったく税金がかかってこない年金もあります。

それは「遺族年金」です。遺族年金は「遺族基礎年金」と「遺族厚生年金」とに分かれており、それぞれ条件があります。

遺族年金というのは、公的年金に加入している人が亡くなった場合、その人から扶養されていた人が受け取れるものです。まずは「遺族基礎年金」から説明しましょう。条件としては、
1、婚姻していないこと。

2、支給対象者に前年850万円以上の収入、もしくは655万5000円以上の所得がない。

3、20歳未満で傷害等1級、2級の状態にあること。

4、子ども（胎児であった子も出生以降に対象になる）の場合は、成人（18歳になった年度の3月31日）になったらもらえなくなりますが、配偶者（妻か夫）の場合は、死ぬまでもらえます。

保険料納付については、死亡日が含まれる月の前々月までの被保険者期間に、国民年金の保険料納付期間および免除期間、厚生年金の被保険者期間、共済組合の組合員期間の合計が3分の2以上あることが必要です。受け取れる金額は、77万9300円＋子ども二人目までそれぞれ22万4500円、第三子以降は各7万4800円が加算されます。

次いで、「遺族厚生年金」に話を移しましょう。もらえる条件は次の通りです。

・被保険者が死亡したとき、または被保険者期間中の傷病がもとで初診の日から5年以内に死亡したとき（ただし、遺族基礎年金と同様、死亡した者について、保険料納付済期間〈保険料免除期間を含む〉が国民年金加入期間の3分の2以上あること）。

（※2026年4月1日前までは、死亡日に65歳未満であれば、死亡日の属する月の前々月までの1年間の保険料を納付しなければならない期間のうちに、保険料の滞納がなければ受けられる）

・老齢厚生年金の受給資格期間が25年以上ある者が死亡したとき。

・1級・2級の障害厚生（共済）年金を受けられる者が死亡したとき。

遺族厚生年金を受給できる遺族は、死亡したときに生計維持関係にあった妻・子・孫らです。

受け取れる金額は、老齢厚生年金の報酬比例部分の4分の3になることがポイントとなります。

さらに受給する妻には、40歳から65歳に達するまでの間、「中高齢寡婦加算」として年58万4500円が加算されます。妻が65歳になり、自分の老齢基礎年金を受け取るようになると、中高年寡婦加算は支給されなくなりますが、このかわりに「経過的寡婦加算」というものが支払われます。これは、老齢基礎年金の額が中高齢寡婦加算の額に満たない場合が生じるときに、65歳到達前後における年金額の低下を防止するために設けられました（ただし、1956年4月1日以前生まれの人に限った制度です）。

この遺族年金というものはやや面倒な制度です。仮に遺族年金を受け取っている人が妻だとします。ところが妻が自分の年金をもらうと、遺族年金は停止されてしまうのです（一部例外はありますが）。

しかし、自分の年金の受給請求をしなければ、遺族年金はそのままもらえます。

実は、遺族年金をもらっても、自分の年金をもらっても、支給額はあまり変わらないことが多いのです。

ここで考えなくてはならないのが、自分の年金の場合は、一定額を超えれば税金がかかってきます。そして、先に述べましたように、遺族年金であれば、いくらもらっていようが税金はかかってきません。

ということは、同じ年金額をもらっているのなら、税金を考慮すれば遺族年金をもらっていた方が得なのです。

ただ遺族年金はややこしい仕組みになっていますし、個人個人によって違う結果になる場合が多いので、どちらの方がもらえる額が大きくなるかは、社会保険事務所で確認してください。

「妻は専業主婦だったので、俺は遺族年金はもらえないから、俺には関係ないこと」

そう思われる方も多いかもしれません。

しかし、残される配偶者には大いに関係あることです。

「俺が死んだ後は、よく考えもせずに遺族年金から自分の年金に切り替えるな」

と配偶者にアドバイスしてあげてください。

ちなみに遺族年金を受け取れなくなるケースは次の通りです。

・死亡したとき。
・再婚したとき（事実婚含む）。
・直系血族および直系姻族以外の人の養子になったとき。
・離縁によって死亡した人との親族関係がなくなったとき（いわゆる〝死後離婚〟です）。
・子・孫である場合は18歳の年度末に達したとき（障害状態のある場合は20歳になったとき）。
・30歳未満の「子のない妻」が遺族厚生年金を受け取る権利を得てから5年が経過したとき。

定年後は国民年金に入って年金額を増やす

定年後の収入で大きな比重を占める公的年金ですが、この公的年金の支給額を定年後に増やす方法がいくつかあります。

その一つが、「定年後に国民年金に加入する」ことです。つまり、新たに公的年金に加入し、毎月の掛け金を支払うのです。もちろん、将来もらえる年金支給額は増額されます。

国民年金というのは、自営業やフリーランスなどが入る年金で、サラリーマンの人は入ることができません。サラリーマンは、厚生年金に入っていれば、この国民年金に入っているのと同様になっています。

しかし、定年で退職すれば、国民年金に入れる場合もあるのです。

どういう場合に入れるか、ということをご説明します。

国民年金というのは、最大で40年間加入することができます。そして、40年間加入していれば、満額をもらうことができます。

サラリーマンの場合、厚生年金の「一階」の部分が、国民年金に相当することになっています。国民年金と同じように、40年間掛ければ満額がもらえます。ですが、大学を22歳で卒業して一般企業に就職。60歳で定年になったような場合は、加入期間が40年に満たないことになります。この場合、

●77万9300円（2018年度価額）×456か月（38年）÷480か月（40年）＝74万335円

と4万円近く減る計算になります。さらに浪人していたり、留年していたり、留学していたり、早期退職したような場合、どんどん減っていくことになります。

そのような人たちは、国民年金に相当する部分を満額もらうことができません。

そういう場合は、定年後、自発的に国民年金に加入することで、40年間の加入期間を満たすことができるのです。

オイシイ付加年金、国民年金基金を使いこなせ

また定年後、国民年金に加入する人には、ちょっとした恩恵もあるのです。

国民年金には、「付加年金」という制度があります。付加年金というのは、毎月の保険

料に追加して400円の付加保険料を支払えば、年に200円×加入月数の年金額が生涯にわたってもらえる制度です。

たとえば、付加年金に4年間（48か月）加入した場合、年に9600円もらえるのです。一生です。付加年金の4年間での掛け金というのは、1万9200円です。つまり、たった2年で元が取れるのです。

この付加年金にはサラリーマンのときには入ることができませんので、退職後に国民年金に加入する人だけの特権です。

また定年後、国民年金に任意加入した人は、36ページで紹介した国民年金基金に入ることもできます。

繰り返しになりますが、国民年金基金は、国民年金の加入者が国民年金だけでは足りない分を補うためにつくられた制度です。本来は自営業者などのためにある制度ですが、定年後に国民年金に任意加入した人も入れます。

60歳以降の加入では、掛け金の元を取るためには、おおむね20年以上生きなくてはなりません。長生きをする人しか元は取れません。

しかし、前述したように、老後というのは、何年続くのか自分ではわかりません。長生きしたときのためにも備えをしておかなくてはなりません。そのアイテムとしては打ってつけといえるでしょう。

国民年金基金の掛け金は、年齢などによって変わってくるのですが、最高月額6万8000円まで掛けることができます。

そして、国民年金基金にはもう一つ大きなメリットがあります。

それは掛け金がすべて税金の所得控除となる、ということです。退職した年というのは、まだ会社から給料をもらっている年なので、所得はけっこう大きいはずです。この年に、国民年金基金に入って来年3月分までの前払いをしておけば、かなりの節税効果があります。

また国民年金基金は、いつでもやめることができます。退職した年に加入して、節税の恩恵を被っておいて、翌年にはやめるということもできます。やめた場合は、掛け金は返還されませんが、将来、公的年金をもらうようになったときに加算されます。

夫婦二人で300万円の年金なら無税

年金というのは、夫婦で考えなければなりません。

年金には、加給年金というものがあります。これは、年金をもらっている人に扶養家族（65歳以下の妻）がいれば、その分だけ年金の額を増やしましょう、という制度です。いってみれば家族手当のようなものです。

具体的にいえば、夫がもらっている年金に、扶養している妻の分の加給年金が支給されるということになります。その額ですが、２０１７年の価額で38万９８００円（受給権者の生年月日が１９４３年４月２日以降の場合）と、月額にして3万２０００円以上です（ただし、扶養している妻が20年以上、厚生年金を払っていた場合は支払われないので注意が必要です）。

さて、この加給年金なのですが、扶養されている人（具体的にいえば奥さんですね）が自分の年金（65歳）をもらうようになれば、支給が停止されます。

ところが、自分の年金の繰り上げ受給をする場合など、みずからすすんで加給年金から自分の年金に振替をする場合もあります。

自分の年金をもらう方が得か、加給年金をもらっていた方が得かというのはケースバイケースですが、これは、支給される年金の額を教えてもらえばすぐにわかります。

このときに考えなければならないのは、税金のことを含めて検討することです。

単純に支給される年金の増減だけで判断するのではなく、税金も含めたところで判断しなければなりません。

夫婦で年金をもらう場合、夫一人がたくさんもらうよりは、夫婦で分散した方が税金は安くなります。

たとえば、65歳以上の夫婦で合計300万円の年金をもらっていた場合。

夫だけの名義で300万円の年金をもらっていれば、所得税と住民税を含めて約20万円の税金がかかってきます（65ページ図表10、66ページ図表11参照）。

しかし、もしこの300万円を夫婦で均等にもらっていれば、税金はまったくかかってきません。65歳以上の方は、年金収入の場合、158万円までは税金がかかってこないからです。

ですので、年金を夫婦で150万円ずつもらっていれば、同じ300万円の収入でも税金を払わなくて済むのです。

こんなにうまい具合に、年金を分けるということはなかなかできませんが、頭の隅には入れておいていただきたいものです。

相続税法改正で被相続人の数は4・4％から約倍増

老後資金を準備する際、忘れてはならないのが相続対策です。

もし、あなたが老後生活を早く終えてしまったら、準備していた老後資金は、遺産として遺族に残されます。そして一定以上の資産額であれば、相続税が課せられてしまいます。

２０１５年に相続税法が改正されて、基礎控除が４割減となりました。すると、相続税法改正前の２０１４年と比較して、２０１５年の死亡者はわずか１・４％の増加に過ぎなかったのにもかかわらず、相続税法改正によって相続税を納める被相続人の割合はそれまでの４・４％から８％へと倍増しました。

また相続税が課せられなくても、きちんと準備していなければ、遺族たちの間で、相続争いが起きたりもします。実はこちらの方が、相続税よりも悲惨かもしれません。

図表22　相続税の速算表

法定相続分に応ずる取得金額	税率	控除額
1000万円以下	10%	―
3000万円以下	15%	50万円
5000万円以下	20%	200万円
1億円以下	30%	700万円
2億円以下	40%	1700万円
3億円以下	45%	2700万円
6億円以下	50%	4200万円
6億円超	55%	7200万円

出典:国税庁ホームページより

だから老後資金を準備するときに、相続対策も常に意識しておくべきなのです。

ここからは、相続対策を意識した老後資金の準備法について、ご紹介していきたいと思います。

まず最初に、いくら以上の遺産があれば相続税がかかるか、ということについて確認しておきましょう。

相続税というのは、基礎控除以上に遺産をもらった場合に課せられる税金です。

基礎控除の計算は以下の通りです。

●定額控除3000万円＋法定相続人の人数×600万円＝基礎控除

ある人が死亡して、妻と子ども3人が残されました。法定相続人は、この4人ということになります。基礎控除の計算は次のようになります。

3000万円＋4人×600万円＝5400万円

つまり、この遺族は、5400万円以上の遺産が残された場合は、相続税を払う可能性があるということです。

そして基礎控除を除いて、自分が相続した遺産を203ページの図表22の計算式に当てはめて、税額を算出します。

もし基礎控除を除いて8000万円の遺産をもらった場合は、次のような計算式になります。

8000万円×30%−700万円＝1700万円

つまり1700万円が納付すべき相続税額となります。

ただし、基礎控除以上の遺産があれば、必ず相続税がかかってくるというわけではありません。

相続税にはさまざまな控除や割引制度があります。

相続人が配偶者の場合は、どんなに多額でも法定相続分まで、もしくは1億6000万円までは無税で相続できます。

細かい相続対策については本書の趣旨ではないので、あまり言及しませんが、とりあえず、基礎控除の計算方法だけは、頭の片隅に置いておいてください。この計算式よりも遺産があれば、相続税がかかってくるかもしれないのだ、と。

遺産は現金で残すな！

次にどういう貯め方をすれば、相続税で有利かということについてお話しします。

相続税対策において、まず基本となる考え方は「現金、預金で残すのが一番損」ということです。

これを絶対に忘れないでください。

なぜ、現金、預金で遺産を残すと損なのかというと、次のような理由です。

相続税というのは、遺産をもらった人にかかってくる税金なのですが、その税額は、当然、もらった遺産の額が基準になります。

そして遺産の額を計算する際、基本的には「遺産の時価」ということになっています。現金預金や金融商品などは、そのままの額になります。

しかし、土地や建物の場合は、優遇計算があり、時価の数分の一か、数十分の一になる可能性があるのです。

家の評価額も原則としては時価で評価されることになっています。

しかしながら、実際には、土地の部分は路線価を基準に、建物部分は、固定資産税の評価額を基準に決められます。

路線価とは、国税庁が毎年決める、道路に面している土地の評価額のことです。路線価は、大体において市場価格よりもやや低めに設定されているのです。固定資産税評価額も同様に、市場価格よりもやや低めに設定されています。なぜかというと、市場価格よりも高ければ税金の取りすぎということになるので、低めに設定しておいて文句が出ないようにしているのです。

つまりは、土地や建物というのは、時価よりも低めに評価されるのです。

それだけでも有利なのですが、それよりもずっと有利な条件があるのです。

それは、故人と遺族が同居していた場合、その家を相続した場合は、土地の評価額が80%も減額される、という特例です。

これは、「小規模宅地等の特例」と呼ばれるもので、330㎡（100坪）以内の宅地を、死亡した人と同居している親族が相続した場合に適用されます。同居している親族というのは、もちろん配偶者も含まれますし、子どもも当然入ります。

ざっくりいえば夫が死亡して、妻がその家を相続した場合は、その土地が330㎡以内であれば、評価額は80%減でいいのです。

もし都心の一等地で、330㎡も土地を持っていれば、時価が億を超えることはざらにあります。しかし、これが80%も減免されるのです。3億円の土地と建物でも評価額は6000万円になるわけです。

遺産の主たる部分が330㎡以内の住居だった場合、数億円だとしても、前述した配偶者の1億6000万円まで非課税の枠を使えば、ほとんど相続税はかかりません。

これがもし、現金、預金、有価証券などで数億円を残していたらそうはいきません。遺族は、少なくとも数千万円、下手をすると億単位の税金を払う羽目になってしまいます。

相続対策の観点から見れば、資産を残すならば、次の優先順位にすべきです。

1、同居する住居（土地、建物）

2、物

3、現金、預金、金融資産

330㎡以内の自宅に子どもたちと同居しよう

第4章では、老後の住む場所についていろいろと言及しましたが、相続の観点からいえば、断然、都会の住宅が有利です。

前項で紹介した330㎡以内の小規模住宅の特例は、全国共通です。

都心部であっても、地方であっても、330㎡以内の住宅地は、この特例の対象となります。

たとえば、都心部で時価1億円の330㎡の宅地を持っているとします。この場合、全部がこの特例の対象となります。つまり、土地の評価額は2000万円になります。

しかし、地方で時価5000万円の1000㎡の宅地を持っていたとすると、670㎡

分もこの特例からはみ出てしまいます。この670㎡分がそのまま通常の評価額となってしまいます。

つまり、田舎暮らしで広い家を持っているような方は、可能であるならば、家を売却して都心部で330㎡以内の宅地の家を建てる方が、相続税対策になります。

前述したように、330㎡以内の小規模宅地の特例は、原則として同居している家族が相続した場合です。

配偶者はもちろん、問題なくこの特例を受けられます。

問題は子どもです。

もし、配偶者がすでに死亡していて、遺産を相続する者が子どもしかいない場合、同居していなければ、小規模宅地の特例が使えない恐れもあります。つまり、独立してすでにマイホームを買ってしまっていた場合などです。

もっともいいのは、子どもと同居することです。可能であれば、子どもが買ったマイホームを売却して同居する。もしくは、孫がいれば、養子縁組をして一緒に住むなどすれば、この特例が使えます。

図表23　故人が老人ホームに入居していても「小規模宅地特例」が使える条件

次のような理由により、相続開始の直前において被相続人の居住の用に供されていなかった宅地等について、一定の要件を満たす場合には、特例の適用ができるようになりました。ただし、被相続人の居住の用に供さなくなった後に事業の用または被相続人等以外の者の居住の用とした場合を除きます。

イ　要介護認定または要支援認定を受けていた被相続人が次の住居または施設に入居または入所していたこと

対象となるのは以下の3つ

① 認知症対応型老人共同生活援助事業が行われる住居、養護老人ホーム、特別養護老人ホーム、軽費老人ホームまたは有料老人ホーム

② 介護老人保健施設

③ サービス付き高齢者向け住宅

ロ　障害支援区分の認定を受けていた被相続人が障害者支援施設などに入所または入居していたこと

出典：国税庁ホームページより筆者作成

「小規模宅地の特例」は、完全分離型の二世帯住宅も対象となっています。玄関が別々で、両家の間が行き来できない「完全分離型」でも、もちろん同居とみなされます。

そういう観点から考えると、都心部に完全分離型の二世帯住宅を買い、そこで子どもと一緒に住むというのが、相続対策上はもっとも有利です。

また二世帯住宅の場合、死亡時に老人ホームにいても、「小規模宅地の特例」の対象となります。小規模宅地の特例は、原則として同居していた親族に限られますが、介護が必要なために老人ホームに入所したような場合は、適用されるのです。ただしその場合は、211ページの図表21のような条件があります。

マンションに住む方が固定資産税の観点からは得

この小規模宅地の特例は、マンションにも適用されます。マンションの場合、対象となる土地の広さというのは、区分所有部分です。そのため、相当に広いマンションであっても、小規模宅地の特例からはみ出すことはあまりありません。都心部の高級マンションを購入するというのも、有効な相続税対策になり得るのです。ただし、小規模宅地の特例は、土地が対象です。マンションの場合は、建物の比率が大きいので、その点は考慮する必要があります。マンションを買うとき、土地の評価額をきちんと調べておくことです。

またマンションは、相続税だけではなく、固定資産税も非常に有利になっています。つまり、自分が死んだ後の相続税だけではなく、自分が生きている間の節税にもなるのです。

固定資産税には、狭い住宅地（２００㎡以下）への大幅な割引特例制度があります。固定資産税は、土地や建物の評価額に対して、１・４％かかることになっています。しかし、住宅用の狭い土地（２００㎡以下）に関しては、固定資産税は6分の1でいいという規定があるのです。

なぜこういう制度があるのかというと、住宅地の税金が高くなってしまうと、庶民の生活費を圧迫するからです。そのため、２００㎡以下の土地に対しては、固定資産税が大幅な割引になっているのです。

また、マンションの固定資産税対象の土地所有面積というのは、建築面積ではありません。マンションの敷地を戸数で割ったものとなります。よって、実際の部屋の広さよりも、かなり小さな数値となります。このため、マンションの場合、土地所有面積が200㎡を超えることは、ほとんどありません。

つまり、マンションの場合は、ほぼ100%、土地の固定資産税は6分の1になるのです。

この固定資産税割引制度の条件は、土地の広さだけです。土地の価格はまったく考慮されません。いくら都心の一等地のマンションであっても、200㎡以下であれば、6分の1になります。

たとえば、郊外の600㎡の土地に家を建てたとします。土地の価格は、2000万円とします。その場合、この土地は、200㎡を超えていますから、普通に固定資産税を払わなければなりません。

ところが、都心の一等地のマンションを2億円で買ったとします。土地の相当額は1億円。しかし、このマンションの部屋は、土地の持ち分にすれば、数十㎡に過ぎませんから、固定資産税は通常の6分の1になるのです。

このように、広い田舎に住むよりも、都心の高級マンションに住んだ方が、税金の面では断然得だといえるのです。

タワマン節税はまだまだオイシイ

前項では、高級マンションが節税上効果があるということをご紹介しましたが、高級マンションというとタワーマンション（一般に20階建て以上）を連想される方も多いはずです。

しかも、タワーマンションは、一時期、相続税の節税アイテムとして注目されました。

このタワーマンション節税についても、簡単に説明しておきたいと思います。

タワーマンション節税というのは、簡単にいえば、次の通りです。

相続税の対象となる土地の評価額は路線価、建物の評価額は、固定資産税評価額が基準となりますが、この固定資産税の評価額は、一つのマンションでは一つの価格しかつかないことになっていました。

つまり、高層階のマンションと低層階のマンションは、価格は全然違うのに、広さが同じであれば、固定資産税も、相続税も、評価額は同じになるのです。

そのため、高層階の高額なマンションを買えば、評価額は低層階と同じなので、その差額が節税になっていました。

ただし、このタワーマンション節税には、落とし穴があります。

というのも、相続税の評価額を「固定資産税評価額」で決めるというのは、便宜上そうされているだけであって、原則としては時価で換算されることになっています。

そのため、固定資産税を基準にして申告していても、税務署から、時価で換算されて修正される恐れがありました。

実際、税務当局がタワーマンション節税を快く思っておらず、明らかな節税目的のタワーマンション購入に対しては、追徴税を課したこともありました。

最近になって税務当局は、さらにタワーマンション節税に対して厳しく対処するようになりました。

2017年度から、固定資産税の評価額が改正されたのです。20階以上のマンションの高層階に対しては、階を上がるごとに高くなるように設定されました。最大で1階と最上階の差は、十数%程度になりました。

ところが、この固定資産税の改正は、かえって「タワーマンション節税」を有利にしたかもしれません。

というのは、市場価格では、高層階と低層階の価格の違いはわずか十数％では済みません。マンションによっては、2倍以上の価格差が生じる場合もあります。50階建てマンションの50階と1階を比較して、価格差が10％などということはあり得ないでしょう。にもかかわらず、固定資産税の評価額は十数％程度しか違わないのです。

つまり、新しい固定資産税を適用されたとしても、節税策としてはまだ十分にメリットがあるのです。

またこの新しい課税方法が適用されるのは、2017年4月以降に販売されたマンションです。それ以前に販売されたものは、以前のままの固定資産税が適用されます。

ということは、中古のタワーマンションは、節税策としては以前とまったく遜色ないということです。買ってすぐに転売するとか、目立った動きをしないことです。できればですが、「7年」以上住めばまず大丈夫です。「7年」というのは税法上の時効期限だからです。

もちろん、固定資産税評価額は、あくまで便宜上の評価基準なので、相続税に関しては税務署から時価に換算されて修正させるというリスクは今もあります。しかし、固定資産税に関しては、相変わらず有利なのです。

配偶者のことを考えるなら「公的年金」を充実させる

前項まで、老後資金を家として残すことが、相続対策の上では一番効果があるということをご紹介してきました。

しかし、配偶者がいる場合、最優先すべき老後資金は「年金」ということになります。そういう意味では、前述の優先順位は、本当の1位は住宅ではなく年金ということになります。ただし配偶者がおらず、子どもが18歳以上になっている場合は、年金はまったく相続対策にはなりません（子どもが障害者の場合は20歳以上）。

なぜ年金が相続対策になるのか、簡単に説明しましょう。

公的年金というのは、年金受給者が死亡し、配偶者が残された場合、いくつかの条件をクリアすれば配偶者は遺族年金をもらうことができます。国民年金だけの場合は、自分の年金をもらうようになれば、遺族年金は支給されなくなります。

しかし厚生年金などの場合、配偶者が自分の年金をもらうようになっても、一定金額の遺族年金がもらえます。

これは、配偶者が死ぬまでもらえるものです。配偶者にとって、これほど心強い「遺産」はないはずです。

しかも、前述したように遺族年金は非課税です。しかし、普通の公的年金は、一定の額以上になると税金がかかります。

国民年金基金の場合は、受給者が死亡した場合は、保証期間分の一時金を受け取ることができます。そしてこの一時金も非課税です。

また、この遺族年金は、18歳以上の子どもはもらうことができませんので、他の遺産のように「遺産争い」の種にはなりません。他にも遺産を残した場合は、もしかしたら配偶者と子どもの間で争いが起こることも考えられますが、年金の場合は、そういう心配が一切ありません。

そう考えると、あらゆる観点から見て、老後資金というのは、まずは公的年金を充実させておくというのが正解なのです。

逆にもっともやってはいけないのは老後離婚です。熟年離婚は増えていますが、離婚するとほとんどの場合、両者とも生活水準が下がります。別れたからといっても、光熱費などはそれぞれが支払うわけですから、負担は大きくなるわけです。また、パワハラやDV、不貞など有責配偶者でない限り、慰謝料をもらうこともできません。

さらに、夫婦になってから築いた財産はすべて財産分与として、半分ずつに分けなければなりません。家を持っていたら売却しないといけないかもしれません。そして、年金分割問題です。特に女性の方が勘違いしているケースが多いのですが、夫の年金をまるごと半分もらえると誤解している人がかなりいます。ところが、分割されるのは厚生年金の報酬比例部分のみです。

国民年金や企業年金は対象外ですし、自営業など厚生年金を払ってこなかった人はそもそも払うものがありません。しかも、分けられるのは婚姻期間の部分だけです。たとえば、夫が38年働いたとしましょう。晩婚で、40歳で結婚して60歳で離婚したとします。すると分割されるのは婚姻期間である20年分の半分の10年分までです。

もっと長く婚姻生活を営んでいたとしても、分割される厚生年金は月に5万〜8万円程度に過ぎません。厚生労働省の調査では月額で3万円いかないケースも多々あるとのことです。これでは、とても生活できません。双方とも老後破綻に一直線です。日頃から、夫婦円満を心がけることが何よりも老後貧乏を遠ざけるといえそうです。

図版／タナカデザイン

大村大次郎［おおむら・おおじろう］
大阪府出身。元国税調査官。国税局で10年間、主に法人税担当調査官として勤務し、退職後に経理事務所などを経て、経営コンサルタント、フリーランスのライター・作家となる。執筆、ラジオ出演、連続ドラマの監修など幅広く活躍している。ベストセラーとなった『あらゆる領収書は経費で落とせる』『税務署員だけのヒミツの節税術』（共に中公新書ラクレ）のほかに『やってはいけない相続対策』『知らないと損する給与明細』（小学館新書）など多数のヒット作を上梓している。

編集：小川昭芳

やってはいけない老後対策

二〇一八年 四月三日 初版第一刷発行

著者 大村大次郎
発行人 清水芳郎
発行所 株式会社小学館
〒一〇一－八〇〇一 東京都千代田区一ツ橋二ノ三ノ一
電話 編集：〇三－三二三〇－五一一七
販売：〇三－五二八一－三五五五

印刷・製本 中央精版印刷株式会社

Printed in Japan ISBN978-4-09-825319-7